Rauchen und Alterssicherung

Europäische Hochschulschriften

Publications Universitaires Européennes
European University Studies

Reihe V
Volks- und Betriebswirtschaft

Série V Series V
Sciences économiques, gestion d'entreprise
Economics and Management

Bd./Vol. 2868

PETER LANG
Frankfurt am Main · Berlin · Bern · Bruxelles · New York · Oxford · Wien

Sabine Warschburger

Rauchen und Alterssicherung

Eine empirische Untersuchung der Auswirkungen des Rauchens auf die Ausgaben der gesetzlichen Rentenversicherung in Deutschland

PETER LANG
Europäischer Verlag der Wissenschaften

Die Deutsche Bibliothek - CIP-Einheitsaufnahme

Warschburger, Sabine:

Rauchen und Alterssicherung : eine empirische Untersuchung der Auswirkungen des Rauchens auf die Ausgaben der gesetzlichen Rentenversicherung in Deutschland / Sabine Warschburger. - Frankfurt am Main ; Berlin ; Bern ; Bruxelles ; New York ; Oxford ; Wien : Lang, 2002
(Europäische Hochschulschriften : Reihe 5, Volks- und Betriebswirtschaft ; Bd. 2868)
Zugl.: Dortmund, Univ., Diss., 2000
ISBN 3-631-38038-0

D 290
ISSN 0531-7339
ISBN 3-631-38038-0

www.peterlang.de

Meinen Eltern und meiner Schwester

Vorwort

Wie alle Autoren von wissenschaftlichen Arbeiten bin auch ich einer Reihe von Menschen zu Dank verpflichtet, ohne die die Entstehung dieser Arbeit nicht möglich gewesen wäre.

Mein erster Dank gilt dem Betreuer meines Dissertationsprojektes, Prof. Dr. Walter Krämer, der nicht nur mein Interesse an dem Thema geweckt, sondern das Projekt vier Jahre lang wissenschaftlich begleitet hat. Prof. Dr. Wolfram Richter und Prof. Dr. Wolfgang Leiniger haben in zahlreichen Diskussionen meine wissenschaftliche Arbeit geprägt und waren Mitglieder meines Promotionsausschusses. Der Deutschen Forschungsgemeinschaft danke ich für die Finanzierung meiner Arbeit durch ein dreijähriges Stipendium im Rahmen des Graduiertenkollegs "Allokationstheorie, Wirtschaftspolitik und kollektive Entscheidungen".

Kollegiatinnen und Kollegiaten, sowie Mitarbeiterinnen und Mitarbeiter an Lehrstühlen, haben alle auf die eine oder andere Art direkten oder indirekten Einfluß auf diese Arbeit genommen. Gerne erinnere ich mich an viele Diskussionen - meist bei Tee und Muffins -, deren Inhalte von theoretischen Fragestellungen über tagespolitische Themen bis hin zur Fußballbundesliga reichten. Besonders verbunden bin ich jedoch Hendrik Jürges und Stefan Boeters, mit denen ich jederzeit methodische Fragen diskutieren konnte und die zahlreiche Versionen kritisch gelesen haben.

Zuletzt möchte ich mich bei meiner Familie bedanken. Karsten Niehues, mein Lebenspartner, verstand es, mich über Durststrecken hinweg stets aufs Neue zu motivieren. Meine Eltern und meine Schwester haben mich immer vorbehaltlos unterstützt. Ihnen ist diese Arbeit gewidmet.

New York im April 2002

Sabine Warschburger

Inhaltsverzeichnis

Kapitel 1

Einleitung und Motivation

In einem Interview mit der Associated Press kritisierte kürzlich der Vorsitzende der Gewerkschaft Nahrungsmittel-Genuß-Gaststätten, Franz-Josef Mölleberg, die Anti-Raucher-Kampagnen. Grund: Da Raucher monatlich rund 170 DM für Speisen und Getränke außer Haus ausgeben, Nichtraucher aber lediglich 128 DM, führten solche Kampagnen dazu, daß jährlich 1000 Gaststätten schließen müßten. (Frankfurter Rundschau vom 19.04.1999)

"Bei CosmosDirekt versichern Sie sich billiger und intelligenter. ... Finanztest-Spezial: 1. Platz in der Risiko-Lebensversicherung für Nichtraucher" (Anzeige in der Süddeutschen Zeitung).

1997 scheiterte im Deutschen Bundestag das "Gesetz zum Schutze der Nichtraucher" (Bundestagsdrucksache 13/6100) auch im zweiten Anlauf. Der Gesetzentwurf, der von Abgeordneten verschiedener Fraktionen gemeinsam eingebracht worden war, sah ein grundsätzliches Rauchverbot in "Gebäuden des Bundes, der Länder und Kommunen, in öffentlichen Verkehrsmitteln und an Arbeitsplätzen" (§1) und die mögliche Einrichtung von Raucherbereichen (§2) vor. Nichtraucher sollten so vor den Gefahren des Passivrauchens geschützt werden.

Das sind drei Beispiele dafür, aus welchen unterschiedlichen Blickwinkeln (nicht nur) in der Öffentlichkeit über Rauchen nachgedacht wird. Gleichzeitig zeigt die Auswahl die extremen Seiten eines Spektrums: Auf der einen Seite führt das legitime Eigeninteresse der Gastronomen und der Versicherungswirtschaft zur Diskriminierung zwischen Rauchern[1] und Nichtrauchern, auf der anderen Seite will eine Gruppe von Politikern regelnd in das Mit- und Gegeneinander von Rauchern und Nichtrauchern eben zum Schutze einer Gruppe, der Nichtraucher, eingreifen.

Was für die Gastronomen und Versicherungsmathematiker eine einfache Rechnung ist, wird auf politischer und gesellschaftlicher Ebene zu einer schwierigen Abwägung. Im Rahmen der gesellschaftlichen Diskussion um Nichtraucherschutz und Kosten des Rauchens wird schnell nach dem Verursacherprinzip gerufen: Rauchen schadet der Gesundheit, also sind Raucher für die Krankenversicherung teurer als Nichtraucher, also sollen Raucher beispielsweise einen Malus bei der Krankenversicherung erhalten.

Die Kosten des Rauchens für die Gesellschaft als Ganzes (volkswirtschaftliche Kosten) können in private und externe Kosten unterteilt werden: Private Kosten sind diejenigen, die der Verursacher, hier der Raucher, selbst trägt; externe (soziale) Kosten sind die Kosten, die von Dritten (Nichtrauchern) getragen werden (müssen). Beide Kostenarten lassen sich wiederum in monetär bewertbare und monetär nicht bewertbare (intangible) Kosten, unterteilen. Bei der volkswirtschaftlichen Analyse der Kosten des Rauchens finden die intangiblen Kosten jedoch in der Regel kaum Beachtung, da sie nicht oder nur schwierig bewertbar sind: Wie soll man die Minderung des Wohlbefindens eines Passivrauchers (externe intangible Kosten) oder die Minderung der Wohnqualität einer Raucherwohnung, die auch Raucher durchaus empfinden, (private intangible Kosten) erfassen und bewerten?

[1]Dem allgemeinen Sprachgebrauch folgend, wird die Bezeichnung Raucher für "Raucherinnen und Raucher" gebraucht. Wenn mit Rauchern nur Männer gemeint sind, erschließt sich das in der Regel aus dem Zusammenhang.

Die vorliegende Arbeit konzentriert sich auf budgetäre Auswirkungen. Wie sähen ceteris paribus die Ausgaben und damit das Budget der gesetzlichen Rentenversicherung aus, wenn in Deutschland nie jemand geraucht hätte? Diese rein budgetäre Betrachtung fügt sich in die obige volkswirtschaftliche Kostenbetrachtungen wie folgt ein. Im status quo der gesetzlichen Rentenversicherung gilt: Der Barwert der Rentenzahlungen, die ein Raucher erhählt, ist wegen der geringeren Lebenserwartung von Rauchern kleiner als der Barwert eines Nichtrauchers. Es gilt: Die privaten Kosten der Raucher (niedriger Rentenbarwert) und der externe Effekt/Ertrag der Nichtraucher – die (bei gleichem Gesamtbudget) höheren Rentenbarwerte – addieren sich, wenn man die gesellschaftlichen Kosten betrachtet, zu Null. Dies gilt allerdings nur unter der plausiblen Annahme, daß die Beitragseinbußen durch die niedrigere Lebenserwartung so gering sind, daß der beschriebene Effekt bei Betrachtung des gesamten Rentenbarwertes (Einzahlungen in und Auszahlungen aus der gesetzlichen Rentenversicherung) immer noch gilt. Diese Umverteilung könnte man durch eine entsprechende Risikodifferenzierung verhindern. So schloß schon Wagner 1994: "Würde man Risikodifferenzierungen in der Sozialversicherung einführen, müßte man ehrlicherweise den Rauchern bei der Altersvorsorge sogar einen ganz dicken Bonus einräumen. Denn sie sterben mindestens sieben Jahre früher als Nichtraucher. Im Durchschnitt werden Raucher nicht einmal siebzig Jahre alt. Gleichzeitig dürfte die Wahrscheinlichkeit einer Frühverrentung nicht wesentlich über dem Durchschnitt liegen. Der Beitragssatz in der gesetzlichen Rentenversicherung könnte deswegen für Raucher schätzungsweise etwa zwanzig Prozent niedriger sein als für Nichtraucher." In dieser Arbeit wird jedoch nicht das Volumen dieser Umverteilung berechnet, sondern die Mehrausgaben der gesetzlichen Rentenversicherung, wenn nie jemand geraucht hätte. Diese sind naturgemäß, wenn man die jetzt geltenden gesetzlichen Bestimmungen zugrunde legt, größer als das tatsächliche Umverteilungsvolumen.

Die Arbeit gliedert sich in vier Hauptkapitel. Kapitel 2 gibt einen Überblick über die Literatur zu "Rauchen und Sozialversicherung".

Kapitel 3 befaßt sich zu Beginn ausführlich mit der grundlegenden Tatsache, daß Rauchen die Lebenserwartung von Rauchern verringert. Zwei verschiedene epidemiologische Studien werden vorgestellt (Kapitel 3.1), und der Aufbau von Sterbetafeln sowie das "Sterbeverhalten" wird dargelegt (Kapitel 3.2). Kapitel 3.3 führt die Ergebnisse der beiden Kapitel zusammen und schätzt auf der Basis der epidemiologischen Ergebnisse die unterschiedliche Lebenserwartung von Rauchern und Nichtrauchern sowie die für Raucher verringerte Wahrscheinlichkeit, das Rentenalter zu erreichen. Da hier die unterschiedlichen Lebenserwartungen von Rauchern und Nichtrauchern für Deutschland erstmalig in dieser Ausführlichkeit berechnet werden, werden die Berechnungen und Ergebnisse im Kapitel ausführlich dargestellt.

Kapitel 4 stellt die Altersvorsorge in der Bundesrepublik vor. Dabei werden die wichtigsten relevanten Regelungen der gesetzlichen Rentenversicherung (Kapitel 4.1 und 4.2) knapp zusammengefaßt. Die augenblickliche budgetäre Situation der gesetzlichen Rentenversicherung wird dargestellt soweit sie für die vorliegende Arbeit relevant ist (Kapitel 4.3).

Die wichtigsten verfügbaren Datensätze werden im Kapitel 5.1 vorgestellt und auf ihre Eignung für die angestrebten Rentenschätzungen geprüft. Die Methodik des schließlich ausgewählten Mikrozensus der amtlichen Statistik wird in Kapitel 5.2 vorgestellt. Kapitel 5.3 ist den erhobenen Merkmalen gewidmet. Dabei werden vor allem die Rauchgewohnheiten und die für die gesetzliche Rentenversicherung relevanten Variablen dargestellt.

Kapitel 6 schließlich bildet (neben Kapitel 3) den Hauptteil der Arbeit: die Schätzung der unterschiedlichen Rentenzahlungen für eine nichtrauchende Bevölkerung und für den status quo einer in ihren Rauchgewohnheiten gemischten Bevölkerung. Alle für die Schätzung notwendigen Berechnungsmethoden und Annahmen werden diskutiert (Kapitel 6.1) und die Ergebnisse der Schätzung präsentiert (Kapitel 6.2). Bezüglich der Annahme, welcher Teil des Unterschieds der Lebenserwartung von Rauchern und Nichtrauchern kausal auf das Rauchen zurückzuführen ist, findet eine Sensitivitätsanalyse statt (Kapitel 6.3). Das letzte Kapitel faßt die wichtigsten Ergebnisse zusammen.

Nota bene

Wenn auf den folgenden Seiten vor allem von *monetären* Einbußen des einzelnen durch seinen verfrühten Tod gesprochen wird, wenn es um die budgetäre Auswirkung einer höheren Lebenserwartung geht oder wenn in den Sterbetafeln des 3. Kapitels "ganze Kohorten" sterben, soll und kann das nicht darüber hinwegtäuschen, daß hinter jeder Todesursache und jedem verfrühtem Tod in der Statistik im wirklichen Leben menschliche Schicksale verborgen sind. Es liegt in der Natur dieser wissenschaftlichen Arbeit, diese Tatsache nicht in jedem Kapitel zu beklagen. Sie wendet sich nüchtern den Zahlen zu und will ein möglichst objektives Bild *eines* Aspektes von Zigarettenkonsum aufzeigen.

Kapitel 2

Literaturüberblick

Die wissenschaftliche Literatur zum Thema Rauchen läßt sich wie folgt gliedern. Auf der einen Seite steht eine enorme Anzahl von medizinischer und psychologischer Fachliteratur. Diese wird in Kapitel 3 ausführlich diskutiert. Auf der anderen Seite beschäftigt sich ein weiterer Teil der Literatur mit den ökonomischen Folgen des Rauchens. Dieser Block läßt sich unterteilen in die Literatur, die sich mit dem staatlichen Sozialwesen, insbesondere mit dem Gesundheitssektor, beschäftigt und in weitere Literatur, die das Thema "ökonomischen Folgen" breiter untersucht. Letzterer ist zum Beispiel eine Arbeit von Gori und Richter "Macroeconomics of Disease Prevention in the United States" (Gori und Richter 1978) zuzurechnen. Die beiden Autoren prognostizieren anhand eines makroökonomischen Modells die Entwicklung mehrerer Wirtschaftsindikatoren bei veränderter Lebenserwartung durch Raucherprävention, mit dem Ergebnis, daß "disease prevention would create demographic pressure that would require appropriate fiscal and monetary tuning to avoid a recessive potential. As a particular example, disease prevention will have a major impact upon our social security system." (Gori und Richter 1978, 1129) Ein weiteres Beispiel ist "The Economics of Smoking" von Robert D. Tollison und Richard E. Wagner (Tollison und Wagner 1992), ein Buch, das viele unterschiedliche Facetten des Rauchens – leider etwas einseitig –

beleuchtet.[1] Seine Kapitel reichen von sozialen Kosten des Rauchens über Aspekte der Gesetzgebung und des Lobbyismus bis hin zur Werbung für Tabakprodukte.

Im Mittelpunkt vieler empirischer Untersuchungen steht die (gesetzliche) Krankenversicherung. Ihr Budget steigt in vielen Ländern und ist damit auch Ziel von Einsparbemühungen. Eine regelmäßig wiederkehrender Vorschlag ist dabei eine Beitragsdifferenzierung mittels Risikoprämien, beispielsweise für Raucher. Daher gibt es mehrere Studien, die sich mit den Auswirkungen des Rauchens auf das Budget von gesetzlichen Krankenversicherungen beschäftigen. Die Ergebnisse und Methoden vor allem derer, die sich auf den europäischen Raum beziehen, werden kurz skizziert. Ausführlicher wird danach auf die wenigen vorliegenden Arbeiten zum Bereich Rentenversicherung eingegangen.

Einer der ersten Artikel zum Thema "Belastungen des Gesundheitswesens" in Europa erschien 1983. In Social Science and Medicine fragen Robert E. Leu und Thomas Schaub: "Does smoking increase medical care expenditure?" (Leu und Schaub 1983a, Leu und Schaub 1983b). Sie finden heraus, daß die Ausgaben der Schweiz für Gesundheit in den Achtziger Jahren die gleichen wären, auch wenn die letzten einhundert Jahre keiner der Versicherten geraucht hätte. Das Ergebnis resultiert aus zwei Effekten. Einer davon ist der häufig zitierte Effekt, daß Raucher pro Jahr mehr Krankheitskosten verursachen als Nichtraucher. Der gegenläufige, in frühen Berechnungen (Luce und Schweitzer 1978) oft vernachlässigte Effekt besteht darin, daß Nichtraucher länger leben und in diesen zusätzlichen Lebensjahren weitere Kosten verursachen. Hinzu kommt, daß auch bei Nichtrauchern mit steigendem Alter die Kosten pro Jahr steigen. "Reducing smoking not only decreases age specific annual medical care utilization rates but simultaneously increases longevity. The cost of the latter effect is strengthened by the fact that health care expenditure increases dramatically with age. ... this study implies that the impact of smoking on medical care expenditures is marginal."(Leu und Schaub 1983b,

[1] Das Buch entstand unter der Sponsorenschaft des Tobacco Institute.

1912) Die Autoren wählen bei ihren Berechnungen eine dynamische Methode der Bevölkerungssimulation, die für die Achtziger Jahre von einer um 1,4 % größeren männlichen Bevölkerung mit einem größeren Anteil der höheren Altersklassen an der Gesamtbevölkerung ausgeht, wenn niemand in der Schweiz geraucht hätte.

Virginia Wright (1986) untersucht die Frage "Will Quitting Smoking Help Medicare Solve Its Financial Problems?" Im Mittelpunkt ihrer Untersuchung stehen "leicht rauchende" Männer, die im Alter von 45 Jahren mit dem Rauchen aufhören. Untersucht werden die Auswirkungen auf die Hospital Insurance (HI), ein Bestandteil der amerikanischen Sozialversicherung Medicare, die Leistungen für Menschen ab 65 Jahren erbringt. Zuerst berechnet sie die Anzahl der nun mehr lebenden Menschen in den Altersklassen über 45 Jahren, um dann die zusätzlichen Einnahmen von Medicare (während der Erwerbstätigkeit der Versicherten) und die zusätzlichen Ausgaben von Medicare (ab 65 Jahre) pro Ex-Raucher zu schätzen. In Abhängigkeit verschiedener weiterer Annahmen, zum Beispiel Annahmen über Diskontraten, errechnet sie einen Nettoverlust für Medicare durch das Aufhören mit dem Rauchen zwischen $204 und $2745 pro Ex-Raucher. Wright schließt daraus: "Regardless of the discount rate and interest assumptions used, all of the net effect estimates ... are negative because additional expenses dominate contributions and interest earned in earlier years." (Wright 1986, 80) Aber auch "These estimates do not imply that 45-year-old light-smoking men should not quit." (Wright 1986, 81), weil hier nur – wie in der vorliegenden Arbeit – die Auswirkungen auf ein einzelnes Sozialbudget untersucht wurde.

Eine der neuesten Studien auf diesem Gebiet ist die niederländische von Barendregt, Bonneux und van der Maas aus dem Jahre 1997. Die Autoren greifen den Ansatz von Leu und Schaub aus den 80er Jahren wieder auf. Mittels "multi state life tables" untersuchen sie die Auswirkungen auf die Ausgaben des Gesundheitswesens in den Niederlanden, wenn alle Raucher (Männer und Frauen) mit dem Rauchen aufhören würden. Wie Leu und Schaub identifizieren sie zwei Effekte:

Zum einen verursacht eine rauchende Bevölkerung in jeder Altersklasse höhere Krankheitskosten (im vorliegenden Fall bis zu 40 % höhere) als eine entsprechende nichtrauchende Bevölkerung. Zum anderen leben aber Nichtraucher länger als Raucher. Daher leben in den oberen Altersklassen noch mehr Menschen und verursachen damit weitere Ausgaben. Dies führt dazu, daß ein plötzlicher Rauchstop in den direkt darauffolgenden Jahren zu niedrigeren Aufwendungen für das niederländische Gesundheitswesen führt. Nach fünfzehn Jahren jedoch schlägt die alternde Bevölkerung auf das Ergebnis durch, so daß ab diesem Zeitpunkt mit 7 % bzw. 3 % höheren Ausgaben bei Männern bzw. Frauen zu rechnen ist.

Neben den vielfältigen Untersuchungen zum Gesundheitswesen gibt es kaum Studien, die sich mit den Auswirkungen eines Rauchverzichts auf die Rentenversicherung befassen. Diesen Umstand beklagen Shoven et al. in ihrem Beitrag zum Sammelband "Economics of Aging" (Shoven, Sundberg, und Bunker 1989), da die budgetären Wirkungen in diesem Teil der sozialen Sicherung in der Regel die größten sind, wie wir später noch sehen werden. Der Artikel von Shoven et al. untersucht die Auswirkungen eines Rauchverzichts auf den Rentenversicherungskomponente von Medicare, das Old-Age Supplemental Income (OASI). Die Autoren selbst bezeichnen ihre Studie als das OASI-Analogon zur Hospital Insurance Untersuchung von Wright 1986. Sie wählen einen ähnlichen individuellen Ansatz und berechnen den durchschnittlichen Verlust an Renteneinkommen aus OASI (Rentenbarwert), den der einzelne Raucher und die einzelne Raucherin durch seinen bzw. ihren früheren Tod erleiden. Mittels Betrachtung der Kohorten Jahrgang 1920 für Männer und 1923 für Frauen ermitteln die Autoren einen diskontierten Nettoverlust von $20.000 für männliche Durchschnittsverdiener und von $10.000 für weibliche. Das entspricht ungefähr 11 bzw. 10 Monatslöhnen. Shoven et al. folgern: "Certainly this does not mean that decreased smoking would not be socially beneficial. In fact, it is probably one of the most cost-effective ways of increasing average longevity. It does indicate, however, that if people alter their behavior in a manner which extends life expectancy, then this must be recognized by our national retirement program." (Shoven et al. 1989, 244)

In Anlehnung an und in Erweiterung von Shoven et al. kritisiert Garrett (1995) die Annahme vieler Studien, daß Mortalität unabhängig vom Einkommen sei. In diesen Studien hatte man festgestellt, daß OASI unter anderem Personen mit niedrigem Einkommen bevorteilte (indem sie einen niedrigeren Rentenbarwert erzielen), damit also progressiven ist. Unterstellt man aber für Personen, die niedrige Einkommen erzielen, eine zum Beispiel durch stärkeres Rauchen verursachte höhere Sterblichkeit, kann es zu einer Aufhebung dieses progressiven Charakters der Sozialversicherung (in diesem Fall von OASI) kommen.

Gori et al. (1984) führten Ende der 70er Jahre eine Untersuchung der Auswirkungen verschiedener (erfolgreicher) Präventionsprogramme auf die betrieblichen Sozialkassen für die Ford Motor Company durch. Sie kommen zu dem Schluß, "that even a limited success of continuing chronic disease prevention would impose noticeable burdens on the future economy of the Ford Motor Company." (Gori et al. 1984, 407) Dieses Endergebnis setzt sich dabei folgendermaßen zusammen: Lebensversicherung, Erwerbsunfähigkeitsversicherung und Krankenversicherung würden durch erfolgreiche Präventionsprogramme leicht entlastet. Dieser Effekt wird aber mehr als ausgeglichen durch die bedeutenden Mehrbelastungen der betrieblichen Rentenversicherung.

Keiner der genannten Autoren geht in seinen Schlußfolgerungen so weit zu sagen, daß man Rauchen unterstützen solle, nur weil Rauchen das Budget von verschiedenen Sozialversicherungen entlastet. Vielmehr sind sich alle Verfasser bewußt, daß sie einen von der aktuellen Diskussion vernachlässigten, aber ökonomisch bedeutsamen Aspekt beleuchten.

Zum Schluß sollen noch beispielhaft einige Artikel erwähnt werden, die zeigen, daß das Thema Rauchen noch anders als in der budgetären Betrachtungsweise untersucht werden kann. Auf dem Grundmodell der rationalen Abhängigkeit von Becker und Murphy (1988) basieren zwei

Artikel, die sich speziell mit dem Rauchen befassen (Becker et al. 1994, Suranovic et al. 1999). Die Arbeit von Kögel (1994) ist ein Beispiel für Artikel, die sich mit der versicherungsmathematischen Seite der Diskriminierung von Rauchern und Nichtrauchern beschäftigen.[2] Daß sich das Rauchverhalten durch Politik beeinflussen läßt, zeigen unter anderem zwei Arbeiten. Warner (1977) weist nach, daß sowohl eine Erhöhung der Tabaksteuer als auch Informationskampagnen über die Schädlichkeit des Rauchens einen nicht nur kurzfristigen, sondern dauerhaften Einfluß auf das Konsumverhalten der Amerikaner hatten. Gleiches stellte Leu für die Schweiz fest (Leu 1979, Leu 1982).

[2] Unterschiedliche Raucher und Nichtrauchertarife gibt es in Amerika schon lange; in Europa werden sie eher zögerlich eingeführt. Vorreiter ist hier Großbritannien.

> "Hauptsächlich spielte er in sämtlichen Schadenersatzprozessen den Gutachter und versuchte, die Geschworenen mit gelehrtem, in Kissinger-Akzent vorgetragenem epidemiologischen Hokuspokus über unausgewogene Auswahlverfahren und multivariate Regression zu verwirren."
>
> Über den Wissenschaftler Graf Erhard von Gruppen-Mundt, Angestellter der Tabak-Akademie, im Roman "Danke, daß Sie hier rauchen" (Buckley 1998, S. 23)

Kapitel 3

Medizinische und statistische Grundlagen

Ziel dieser Arbeit ist die Berechnung der hypothetischen Mehrausgaben der gesetzlichen Rentenversicherung, wenn in Deutschland nicht geraucht würde. Dem liegt die Annahme zugrunde, daß das "Laster" Rauchen die Lebenszeit des Rauchers verkürzt. Das folgende Kapitel beschäftigt sich ausführlich mit dieser Voraussetzung, da sie einer der wichtigsten Bestandteile der Berechnungen ist. In Kapitel 3.1 wird die medizinische und epidemiologische[1] Literatur zur erhöhten Mortalität von Rauchern vorgestellt. Insbesondere werden die Britische Ärztestudie und die amerikanische Krebspräventionsstudie II als Grundlage der Berechnungen in den Folgekapiteln dargestellt. Aus diesen Studien und den Sterbedaten der Bundesrepublik, die in Kapitel 3.2 vorgestellt werden, wird in Kapitel 3.3 der Verlust an Lebensjahren durch das Rauchen für deutsche Raucherinnen und Raucher berechnet.

[1]Epidemiologie ist der "Wissenschaftszweig, der sich mit der Verteilung von ... Krankheiten und deren ... sozialen Determinanten und Folgen in der Bevölkerung befaßt"(Pschyrembel(1994), Stichwort Epidemiologie)

3.1 Epidemiologische Studien

Rauchen wird in der medizinischen Literatur als Ursache vieler verschiedener Krankheiten angesehen. Inzwischen gibt es kaum noch ein Leiden, das nicht schon in den Verdacht gekommen ist, durch Rauchen verursacht zu werden. In regelmäßigen Abständen kann man in der Rubrik "Vermischtes" seiner Zeitung das Ergebnis einer neuen Studie bestaunen. Diese Entdeckungen reichen von "*Mehr Brustkrebs bei rauchenden Frauen*" (FAZ vom 11.12.1996) über "*Rauchen des Vaters erhöht Krebsrisiken beim Kind*" (SZ vom 27.02.1997) bis hin zu "*Forscher: Glatze und graue Haare durch Rauchen*" (SZ vom 21./22.12.1996). Solche Zeitungsartikel basieren in der Regel auf der Veröffentlichung einer neuen wissenschaftlichen Studie. Die Beispiele stehen stellvertretend für eine stark wachsende Zahl von kleineren und größeren Studien, die die Zusammenhänge zwischen Rauchen und den verschiedensten medizinischen, psychologischen und sozialen Merkmalen untersuchen. Die Flut solcher Untersuchungen sowie der entsprechenden Literatur dazu läßt sich auch an zwei weiteren Beispielen veranschaulichen. Gibt man in die neueste Version der Medline, der bedeutensten Datenbank medizinischer Literatur, den Suchbegriff "smoking" ein, so erhält man mehr als zehntausend Treffer. Desweiteren deutet die Gründung des "Journal of Smoking Related Disorders", das 1990 zum ersten Mal erschien, auf die zunehmende Fülle an Literatur zu diesem Themenkreis hin.

Diese kaum überschaubare Anzahl an Studien aus der ganzen Welt wird in regelmäßigen Abständen von U.S. Surgeon General in einem "Report" zusammengefaßt, der sich in der Regel mit einem Schwerpunktthema besonders auseinandersetzt. In den letzten Jahren waren das unter anderem: "The Health Benefits of Smoking Cessation" (1990), "The Health Consequences of Using Smokeless Tobacco" (1986) und "The Health Consequences of Smoking for Women" (1980). Diese Berichte bieten einen guten Überblick über die verschiedenen Studien.

Ziel dieser Vielzahl von epidemiologischen Studien ist es, durch das Beobachten einer ausgewählten Fallgruppe (in diesem Falle Raucher) und einer bezüglich aller anderen Merkmale (wie z. B. Alter und Geschlecht) gleich zusammengesetzten Kontrollgruppe (hier Nichtraucher), zu erfassen, wie viele Raucher und Nichraucher in einem bestimmten Zeitraum an den verschiedenen Todesursachen sterben. Weiterhin gibt es einige Arbeiten, die die daraus gewonnenen Ergebnisse in unterschiedliche Lebenserwartungen für Raucher und Nichtraucher "übersetzen". Solche Berechnungen stellen Leu und Schaub (1983b) zum Beispiel für die Schweiz an. Sie errechnen einen Verlust an Lebenserwartung von 16 Monaten durch Rauchen für 30jährige Männer. Solche Daten über die unterschiedlichen Lebenserwartungen von Rauchern und Nichtrauchern werden für die Bundesrepublik benötigt, wenn man die unterschiedlichen Rentenbarwerte für Raucher und Nichtraucher berechnen und die Auswirkungen eines Rauchverzichts auf das Budget der gesetzlichen Rentenversicherung in Deutschland ermitteln will.

Die einzigen Zahlen für die Bundesrepublik liefert eine großangelegte Übertragung der Ergebnisse der amerikanischen Krebspräventionsstudien I und II auf die meisten Industriestaaten von Peto et al. (1992). Leider werden die Ergebnisse, weil sehr viele Länder untersucht werden, nicht sehr detailliert veröffentlicht, jedenfalls nicht in der Art, wie sie für die folgenden Rentenberechnungen benötigt werden.

Es ist das Ziel dieses Kapitels, die verminderte Lebenserwartung von Rauchern im Verhältnis zu Nichtrauchern für Deutschland zu schätzen. Dazu wären Sterblichkeitsdaten einer *deutschen* epidemiologischen Großstudie am geeignetsten. Allerdings gibt es eine solche Studie für Deutschland nicht.[2] Daher ist es notwendig, auf ausländische Ergebnisse zurückzugreifen.

[2]Dies bestätigt auch Burkhard Junge vom Robert Koch-Institut für Infektionskrankheiten und nicht übertragbare Krankheiten in Berlin in einem Telefonat am 11.02.1998. Am Robert Koch-Institut ist die Übertragung von Ergebnissen von Studien aus anderen Ländern, wie sie in diesem Kapitel 3 erfolgt, geplant.

Von den in Kapitel 2 vorgestellten Arbeiten werden verschiedene epidemiologische Studien verwendet. So basieren die Berechnungen von Shoven et al. (1989) auf den Ergebnissen der Krebspräventionsstudie I, der großen amerikanischen prospektiven Studie aus den frühen Sechziger Jahren (Ergebnisse u. a. in Hammond 1966), die auch von Peto et al. (1994) schon in Verbindung mit der Nachfolgestudie Krebspräventionsstudie II auf Deutschland übertragen wurde. Leu und Schaub (1983b) greifen bei ihren Berechnungen auf die Ergebnisse der ersten 20 Jahre der Britischen Ärztestudie (Doll und Peto 1976) sowie den Bericht des U.S. Surgeon General aus dem Jahre 1979 (U.S.Department of Health and Human Services 1979) zurück.

Bei der Wahl der epidemiologischen Grundlagen für die Berechnungen der verschiedenen Lebenserwartungen von Rauchern und Nichtrauchern in Kapitel 3.3 entstehen zwei Probleme:

Zum einen gilt es, die Übertragbarkeit der Ergebnisse der verwendeten Studien zu sichern. Die unterschiedlichen Studien liefern zum Teil stark voneinander abweichende Ergebnisse, die in Tabelle 3.1 dargestellt sind. Der Mortalitätsquotient ist definiert als die Anzahl der in einer bestimmten Altersklasse durch eine bestimmte Todesursache k verstorbenen Raucher geteilt durch die Anzahl der in der gleichen Altersklasse durch k verstorbenen Nichtraucher (bezogen auf ein vorgegebenes Zeitintervall und jeweils 1000 Raucher und Nichtraucher). Er wird auf Seite 29 näher erläutert. Eine Metastudie von van de Mheen und Gunning-Schepers (1996) untersucht, inwiefern diese unterschiedlichen Ergebnisse biologischen Ursachen, die direkt bei der untersuchten Bevölkerung liegen, oder anderen Faktoren zuzuordnen sind. Sie untersuchen die Ergebnisse von 83 international veröffentlichten Studien, die vor Juni 1992 erschienen sind. Im Mittelpunkt ihrer Untersuchung stehen die relativen Risiken (von Rauchern im Vergleich zu Nichtrauchern) sechs verschiedener Todesursachen, die mit Rauchen in Verbindung gebracht werden.

Die wichtigsten Ergebnisse der Metastudie sind: Niedrige relative Risiken für Raucher werden vor allem in jungen Populationen und

Tabelle 3.1: Mortalitätsquotienten aus verschiedenen Studien

	Männer		Frauen	
	Min	Max	Min	Max
Herzgefäßkrankheiten (Cardiovascular disease)	1,3	2,0	1,6	1,6
Ischämische Herzkrankheiten	1,2	2,9	1,0	2,0
Herzinfarkt (Myocardinal infarction)	1,3	3,6	1,4	7,2
Krankh. des zerobrovaskulären Systems (Schlaganfall)	1,1	3,7	1,5	5,8
Lungenkrebs	2,5	134,5	1,3	46,8
Chronische obstruktive Lungenkrankheiten	0,5	38,0	2,3	32,0

Quelle: van de Mheen/Gunning-Schepers 1996, 422
Dort befinden sich auch die Quellen zu den verschiedenen Mortalitätsquotienten.

für die niedrigste Risikoklasse (in Zigaretten/Tag) gefunden. Weiterhin sind die Werte in früheren Studien niedriger als in neueren, was sich ebenfalls in den drei verschiedenen Auswertungszeiträumen der Britischen Ärztestudie zeigt (Doll et al. 1994). Generell wird auch ein mit dem Alter sinkendes relatives Risiko beobachtet, was mit der unterschiedlichen Prävalenz der Krankheiten im Alter zusammenhängt. Das relative Risiko steigt mit der Dauer das Rauchens und mit der Dosis (Risikoklasse). Als Ursache der meisten Unterschiede in den Ergebnissen epidemiologischer Studien erkennen die Autoren die unterschiedliche Klassenbildung bei der Erfassung der Rauchgewohnheiten, unterschiedliche Rauchgewohnheiten in der Bevölkerung und die Fehlklassifizierung von Ex-Rauchern als lebenslange Nichtraucher. Letztlich ist das Problem, daß Rauchen zu unterschiedlicher Überschußsterblichkeit (bei einer bestimmten Todesursache) in verschiedenen

Bevölkerungen führen kann, in dieser Arbeit nicht zu lösen, da keine epidemiologischen Daten für Deutschland vorhanden sind. Es wird sich aber zeigen, daß die Anwendung der verschiedenen Mortalitätsquotienten auf die Sterbetafel der deutschen Bevölkerung trotz ihrer starken Streuung zwischen den verschiedenen Studien zu erstaunlich ähnlichen Resultaten führt.

Weiterhin werden bei den folgenden Berechnungen die beiden ausgewählten epidemiologischen Studien (die Britische Ärztestudie und die amerikanische Krebspräventionsstudie II) getrennt verwendet, obwohl eine Mischung der Ergebnisse verschiedener Studien durchaus denkbar wäre. In Frage käme zum Beispiel, für jede Todesursache einen Mittelwert aus den Mortalitätsquotienten bestimmter Studien oder immer den kleinsten gemessenen Mortalitätsquotienten zu nehmen. Epidemiologische Studien haben aber durch ihre unterschiedlichen Schwerpunkte und Zielrichtungen zum Teil stark voneinander abweichende Konzeptionen und Rahmenbedingungen, die sich bei einer andereren als der ursprünglich angestrebten Verwendung als Mangel erweisen können. Da die verwendeten Mortalitätsquotienten ein entscheidender Einflußfaktor für die darauf basierenden Ergebnisse sind, sollte die Entstehung dieser Mortalitätsquotienten nicht durch "Mischen" von Ergebnissen verschiedener Studien verschleiert werden. Vielmehr wird im folgenden Kapitel durch das getrennte Verwenden von zwei Studien klar, in welche Richtung und in welchem Ausmaß die verwendeten Mortalitätsquotienten das Ergebnis beeinflussen.

Außerdem gilt: In einer epidemiologischen Studie kann lediglich eine statistische Korrelation und keine Kausalität gemessen werden. Auf dieses Problem wird bei der Elimination der Todesursachen in Kapitel 3.3 näher eingegangen.

Aus den in den letzten Absätzen dargelegten Gründen stützen sich die folgenden Berechnungen der unterschiedlichen Lebenserwartung von Rauchern und Nichtrauchern für die Bundesrepublik auf zwei große epidemiologische Studien, nämlich die Britische Ärztestudie, die auch schon Leu und Schaub verwendeten, und die Krebspräventionsstudie II der American Cancer Society. Ihre Ergebnisse werden getrennt voneinander auf die Bundesrepublik übertragen. Man erhält daher zwei Ergebnisse für die Lebenserwartungen von Rauchern und Nichtrauchern: eines, wenn man die Ergebnisse der Britischen Ärztestudie verwendet, und das zweite, wenn man die amerikanische Krebspräventionsstudie verwendet.

Die beobachtete unterschiedliche Sterblichkeit von Rauchern und Nichtrauchern wird in den Mortalitätsquotienten $m_{ir}(k)$ ausgedrückt. Dabei bezeichnet i (i=1-20) das Altersintervall und r die Risikoklasse. r=1 kennzeichnet lebenslange Nichtraucher, r=2 leichte Raucher (bis zu 24 Zigaretten täglich[3]) und r=3 starke Raucher (ab 25 Zigaretten täglich). Der Mortalitätsquotient $m_{ir}(k)$ ist definiert als die Anzahl der in der Altersklasse i durch Todesursache k verstorbenen Raucher der Risikoklasse r geteilt durch die Anzahl der in der gleichen Altersklasse durch k verstorbenen Nichtraucher (bezogen auf ein vorgegebenes Zeitintervall und jeweils 100.000 Raucher bzw. Nichtraucher). Damit ist m_{i1} per definitionem immer gleich Eins. $m_{ir}(k)$ ist im Fall der britischen Ärztestudie für alle Altersklassen gleich (Mit anderen Worten: Es gibt in der Studie nur eine einzige Altersklasse.), da die Datenbasis keine stärker aufgegliederten Ergebnisse erlaubt, und wird daher im folgenden nur mit $m_r(k)$ bezeichnet.

$$m_{ir}(k) = \frac{\text{Anzahl der in i an k verstorbenen Raucher mit Risiko r}}{\text{Anzahl der in i an k verstorbenen Nichtraucher}}$$

Seit den 50er Jahren läuft in Großbritannien eine der größten prospektiven Studien zum Themenkomplex Rauchen. Die *Britische Ärztestudie (British Doctor Study)* begann 1951 mit der Versendung von Fragebögen an alle im British medical register eingetragenen Ärzte. Ziel war es, möglichst alle britischen Ärzte zu befragen. Der Studie zur

[3] Die Britische Ärztestudie unterscheidet im Original zwischen leichten (1-14 Zigaretten täglich), mittleren (15-24 Zigaretten täglich) und starken Rauchern (über 24 Zigaretten täglich). Da sich diese Kategorien nicht mit denen für die Berechnungen dieser Arbeit benötigten decken, wurden die unteren beiden Kategorien zusammengefaßt und ihre Mortalitätquotienten gemittelt.

Verfügung standen schließlich ca. 35.000 Ärzte und 6.000 Ärztinnen. In der neuesten Veröffentlichung aus dem Jahre 1994 über den gesamten 40jährigen Zeitraum der Studie (Doll und Hill 1964, Doll und Peto 1976) sind nur Daten über Männer enthalten. Auswertungen für Frauen liegen nur für die ersten 22 Jahre der Studie vor. 10.000 Personen verstarben in den ersten 20 Beobachtungsjahren, weitere 10.000 in den letzten 20 Jahren. Da keine neuen Ärzte in die Studie aufgenommen wurden, sondern lediglich das Sterbeverhalten der Ausgangskohorte untersucht wurde, sind die untersten Alterklassen seit den 70er Jahren nicht mehr besetzt.

Die teilnehmenden Ärztinnen und Ärzte wurden in Abständen von sechs bis zwölf Jahren wiederholt zu ihren Lebens- und Rauchgewohnheiten befragt. Die in den Todesbescheinigungen der verstorbenen Ärzte angegebenen Todesursachen wurden gemäß der "Internationalen Klassifikation der Krankheiten, Verletzungen und Todesursachen 9. Revision" (ICD9) verschlüsselt.

Doll et al. (1994) veröffentlichen die Ergebnisse der Britischen Ärztestudie (zumindest für Männer) stark nach Todesursachen aufgegliedert. Dies macht die Übertragung der Ergebnisse auf andere Populationen, in denen eventuell andere Todesursachen stärker im Vordergrund stehen als in der untersuchten, sicherer. Allerdings ist die Datenbasis nicht ausreichend, Mortalität aufgeschlüsselt nach Alter *und* Risikoklasse – gemessen durch die Anzahl der pro Tag gerauchten Zigaretten – zu liefern.[4] Doll et al. entscheiden sich für den Verzicht auf die Altersdifferenzierung. Die beobachtete unterschiedliche Sterblichkeit von Rauchern und Nichtrauchern wird daher nicht nach Altersklassen, wohl aber differenziert nach leichten Rauchern, starken Rauchern und Exrauchern veröffentlicht. Die Tabellen 3.2 und 3.3 zeigen die wichtigsten Ergebnisse. Berücksichtigt wurden alle Todesursachen, die bei einem Signifikanzniveau von über 95% bei Rauchern öfter als bei Nichtrauchern auftraten. Insgesamt bleiben von ursprünglich

[4]"Our data are too few to break down by sex and age for conditions like lung cancer which is so rare in non-smokers." Richard Doll in einem Fax vom 03.04.1998.

54 untersuchten Todesursachen (Gruppen und Einzelursachen) noch 23 Einzelursachen und 7 Gruppen, die das geforderte Niveau erfüllen. Die Sammelgruppen "andere ..." finden bei den Berechnungen in Kapitel 3.3 ebensowenig Berücksichtigung wie "unbekannte Ursache". Sie sind lediglich der Vollständigkeit wegen hier genannt. Insgesamt fällt auf, daß das Mortalitätsrisiko wie erwartet mit der Anzahl der täglich gerauchten Zigaretten steigt. Der Mortalitätsquotient ist für starke Raucher für alle Todesursachen größer als für leichte Raucher. Die erhöhte Sterblichkeit fällt für die einzelnen Todesursachen unterschiedlich stark aus. Der höchste Wert wird mit einem Mortalitätsquotienten von 48,0 für verschiedene Krebsarten der Atemwege bei der Britischen Ärztestudie ermittelt. Viele Werte bewegen sich im Bereich unter 2,0, also unterhalb einer Verdoppelung des Risikos. Auffällig ist auch, daß die Britische Ärztestudie eine erhöhte Sterblichkeit für "Selbstmord und Selbstbeschädigung" und für "andere Traumata und Vergiftungen" gemessen hat. Dies ist auf einen allgemein riskanteren Lebensstil von Rauchern im Vergleich zu Nichtrauchern zurückzuführen, welcher in Kapitel 3.3 weiter thematisiert wird.

Für Frauen liegt lediglich die Auswertung der ersten 22 Jahre der Britischen Ärztestudie vor (Doll, Gray, Hafner, und Peto 1980). Das ist schon deshalb bedauerlich, da sich bei den Männern zeigte, daß sich die Mortalität im Laufe der Zeit – den Veränderungen der Rauchgewohnheiten folgend – nach oben verändert hat. Letzteres ist um so bemerkenswerter, als die allgemeine Sterblichkeit im Laufe der Zeit aufgrund von Verbesserungen in der medizinischen Versorgung zurückgeht. Mithin müssen alle folgenden Ergebnisse für Frauen als eine äußerst konservative Schätzung betrachtet werden. Wegen der schmalen Datenbasis stehen die Ergebnisse weniger aufgeschlüsselt zur Verfügung. Verläßliche Mortalitätsquotienten konnten nur für wenige Gruppen von Todesursachen ermittelt werden.

Die Britische Ärztestudie ermittelt auch die relative Sterblichkeit für ehemalige Raucher. Diese Ergebnisse sind allerdings kaum auf andere Populationen übertragbar, weil dazu präzise Informatio-

Tabelle 3.2: Mortalitätsquotienten der Brit. Ärztestudie für Männer

Todesursache k	ICD9	$m_2(k)$	$m_3(k)$
Lungentuberkulose	011	2,0	5,0
bösartige Neubildungen der oberen Atemwege hier: Lippe, Mundhöhle, Rachen ohne: Hauptspeicheldrüsen, Nasenrachenraum plus: Kehlkopf	140-149 ohne 142,147 plus 161	15,0	48,0
bösartige Neubildungen der Speiseröhre	150	6,2	11,2
bösartige Neubildungen des Magens	151	1,6	1,6
bösartige Neubildungen der Bauchspeicheldrüse	157	1,8	3,0
bösartige Neubildungen der Lunge	162	11,1	25,3
bösartige Neubildungen des Mastdarms, u. a.	164	1,6	4,4
bösartige Neubildungen der Harnblase	188	2,2	2,8
Myeloische Leukämie	205	1,5	2,5
Hypertonie und Hochdruckkrankheiten	401-405	1,2	1,8
Ischämische Herzkrankheiten	410-414	1,4	1,7
akute und chronische pulmonale Herzkrankheit	415-416	7,5	21,0
Myokardinale Degeneration Mangelhafte Beschreibungen und Komplikationen von Herzkrankheiten	429.1 429	1,8	2,8
Subarachnoidalblutung	430	1,5	3,4
Intrazerebrale Hämorrhagie	431	1,3	1,5
Zerebrale Thrombose	437.6	1,3	1,5
Arteriosklerose	440	1,5	3,2
Aortenaneurysma	441	3,7	5,4
Pneumonie	480-486	1,8	2,3
Chronische obstruktive Lungenkrankheiten und verwandte Affektionen	490-496	9,9	22,5
Ulcus pepticum o. A. des Sitzes	533	2,7	4,2
Leberzirrhose	571	2,9	11,3
Vergiftung durch Drogen, Medikamente ...	960-979	2,1	4,4
Selbstmord und -beschädigung	E950-E959	1,2	2,4
andere Atemwegserkrankungen	-	1,5	1,7
andere zereobrovasculare Krankheiten	-	1,6	2,0
andere Krankheiten des Verdauungssystems	-	1,7	1,8
andere Krankheiten	-	1,3	1,9
andere Traumata	-	1,3	2,7
andere Traumata und Vergiftungen	-	1,3	2,3

Quelle: Doll et al. (1994)

Tabelle 3.3: Mortalitätsquotienten der Brit. Ärztestudie für Frauen

Todesursache k	ICD9	$m_2(k)$	$m_3(k)$
Bösartige Neubildungen der Lunge	162	3,8	29,7
Bösartige Neubildungen Atemwege	140-149 plus 161	1,3	6,5
Bösartige Neubildungen des Ovariums und sonstiger Adnexe	183	4,5	1,3
Ischämische Herzkrankheiten	410-414	1,5	2,1
Pneumonie	480-486	2,8	0,4
Chronische Bronchitis und Emphysem	491+492	19,5	32,0
Leberzirrhose	571	5,5	7,5
alle Todesursachen		1,2	1,6

Quelle: Doll et al. (1980)

nen zum Beispiel über den Zeitpunkt des Aufhörens in der Studie und in der Zielbevölkerung notwendig wären (van de Mheen und Gunning-Schepers 1996, 424). Ziel der vorliegenden Arbeit ist eine Schätzung der Mehrausgaben der gesetzlichen Rentenversicherung, wenn in Deutschland niemand rauchen würde. Die Einbeziehung von ehemaligen Rauchern würde das Ergebnis kaum verändern, da für sie kleine Mortaltitäsquotienten gemessen wurden. Weil gleichzeitig die Mortalitätsquotienten für ehemalige Raucher wenig gesichert sind, wird auf die Untersuchung von ehemaligen Rauchern sowie von Zigarren- und Pfeifenrauchern, für die das gleiche gilt, verzichtet.

1982 bis 1988 fand in den Vereinigten Staaten die *Krebspräventionsstudie II (Cancer Prevention Study II oder CPSII)* der American Cancer Society statt. Sie ist die Nachfolgestudie der Krebspräventionsstudie I (1959 bis 1965), auf die Shoven et al. (1989) ihre Berechnungen stützen. Wiederum wurden mehr als eine Million Amerikanerinnen und Amerikaner aus allen Bundesstaaten befragt. Hier liegt ein wesentlicher Vorteil gegenüber der Britischen Ärztestudie, die keine repräsentative Untergruppe der Bevölkerung untersucht. Für die Analyse blieb bei der Krebspräventionsstudie eine Kohorte von über 200.000 Rauchern und fast 500.000 lebenslangen Nichtrauchern. Von ihnen verstarben während der sechsjährigen Dauer der Studie fast 80.000. Die Auswertungen für beide Geschlechter konzentrieren sich bislang auf vier verschiedene Gruppen von Todesursachen. Das sind: Lungenkrebs (ICD162), Ischämische Herzkrankheiten (ICD410-414), Krankheiten des zerebrovaskulären Systems (ICD430-438) und chronische obstruktive Lungenkrankheiten (ICD490-496). Weitere wichtige Todesursachen wie Krebs der oberen Atemwege oder der Speiseröhre, die nach der Britischen Ärztestudie eine hohe Überschußmortalität bei Rauchern aufweisen, werden bei Thun et al. (1997b) nicht nach Alters- und Risikoklassen aufgespalten veröffentlicht. Stattdessen wird auf die Mortalitätsquotienten zum Krebs der oberen Atemwege von Peto et al. 1992 (S.1278), die nicht in Risikoklassen unterteilt sind, zurückgegriffen. Für die übrigen untersuchten Todesursachen lassen sich nach Alter und Risikoklasse differenzierte Mortalitätsquotienten aus den Veröffentlichungen herleiten. Dies ist ein Vorteil gegenüber der Britischen Ärztestudie, die keine Differenzierung nach dem Alter zuläßt. Die aus der Krebspräventionsstudie (Thun et al. 1997, 442-453) abgeleiteten Mortalitätsquotienten, die unterschiedliche Altersklassen und Rauchgewohnheiten berücksichtigen, sind in Tabelle 3.4 zu finden.

Zum Teil ist eine zu geringe Zahl an Todesfällen Ursache dafür, daß der Quotient nicht berechenbar oder unsicher ist. An diesen Stellen wird in der Regel "nach unten" gerundet, so daß es keinesfalls zu einer Überschätzung der Überschußmortalität kommt. Aus dem gleichen Grund werden bei einigen Todesursachen (zum Beispiel bei den chronischen obstruktiven Lungenkrankheiten) die oberen beiden Risikoklassen zur Klasse "über 20 Zigaretten pro Tag" zusammengefaßt, da sonst für die Klasse "über 40" aufgrund der geringen Fallzahlen keine Aussagen möglich wären. Ebenso wird bei der Berechnung der Quotienten aus den veröffentlichten absoluten Daten der Studien grundsätzlich abgerundet.

Tabelle 3.4: Mortalitätsquotienten der Krebspräventionsstudie für Männer (oben) und Frauen (unten)

Alter	Lungenkrebs			Ischämische Herzkrankh.			Krankh. des zerebr. Syst.		Chr. obstrukt. Lungenkrankh.	
	ICD 162			ICD 410-414			ICD 430-438		ICD 490-496	
	1-20	20-40	41-	1-20	20-40	41-	1-20	20-	1-20	20-
30-35	1,0*	1,0*	1,0*	1,0*	1,0	1,0*	1,0*	1,0*	1,0*	1,0*
35-40	1,0*	1,0*	1,0*	1,0	1,0	1,0	1,0*	1,0	1,0*	1,0*
40-45	1,0*	1,0	12,2	2,6	6,9	8,0	1,0	1,0	1,0*	1,0*
45-50	(2,3)	6,7	23,5	5,6	5,4	6,7	2,0	2,3	1,0	1,0*
50-55	13,6	24,7	40,0	3,6	3,8	3,7	6,6	4,4	1,2	14,5
55-60	26,2	44,5	63,2	2,6	2,5	3,4	3,0	4,7	5,0	12,4
60-65	21,4	40,8	42,9	2,4	2,2	1,2	2,6	2,4	13,2	13,4
65-70	21,3	31,3	46,4	1,8	1,8	1,9	2,9	1,6	16,8	22,1
70-75	21,7	32,7	42,0	1,7	1,5	0,97	2,1	1,7	9,4	11,5
75-80	17,1	25,4	78,0	1,2	1,6	(1,0)	1,8	1,9	11,7	22,1
80-85	13,4	11,3		1,4	1,3		1,5	1,0	10,0	15,4
85-	7,9			1,1			0,9	1,0	6,7	18,3

* = weder Nichtraucher noch Raucher starben an dieser Todesursache

Alter	Lungenkrebs			Ischämische Herzkrankh.			Krankheiten d. zerebr. Syst.		Chr. obstrukt. Lungenkrankh.	
	ICD 162			ICD 410-414			ICD 430-438		ICD 490-496	
	1-20	20-40	41-	1-20	20-40	41-	1-20	20-	1-20	20-
30-35	1,0*	1,0*	1,0*	1,0*	1,0*	1,0*	1,0	1,0	1,0*	1,0*
35-40	1,0	1,0	1,0	1,0	1,0	1,0*	1,0	1,0	1,0*	1,0*
40-45	1,0	1,0	35,2	1,0	1,0	1,0	1,0	1,0	1,0*	1,0*
45-50	13,1	41,2	44,2	6,8	8,3		8,1	10,1	1,0	1,0*
50-55	6,9	17,2	38,8	4,8	7,1		3,4	6,0	7,0	20,5
55-60	10,8	28,0	15,2	2,4	4,0	6,0	4,4	7,2	4,7	14,2
60-65	9,5	26,2	18,1	2,3	2,9		2,3	2,8	8,7	17,4
65-70	13,0	25,2	26,2	2,3	2,3	2,6	2,3	2,3	13,7	22,6
70-75	7,7	16,9	26,0	1,8	2,0		2,6	2,6	10,8	15,6
75-80	9,3	26,9		1,5	1,8		2,0	1,5	10,2	14,3
80-85	5,7	9,4		1,3	1,0		0,9	2,0	9,6	16,5
85-	7,3			1,2	1,0		1,0	1,0	15,6	18,7

* = weder Nichtraucher noch Raucher starben an dieser Todesursache

Vergleicht man die Ergebnisse der betrachteten Studien, so erkennt man, daß sie zum großen Teil den Feststellungen der Meta-Studie von van de Mheen und Gunning-Schepers entsprechen: Die Mortalitätsquotienten steigen mit der Anzahl der gerauchten Zigaretten. Bei der Britischen Ärztestudie zeigt sich, daß beim Krebs der oberen Atemwege (ICD 140-149,161) die Überschußsterblichkeit bei Frauen deutlich geringer ist als bei Männern, bei den Ischämischen Herzkrankheiten (ICD 410-414) fällt sie dagegen höher aus.

Die Tabellen 3.5 und 3.6 zeigen die insgesamt für Männer und Frauen ab 35 Jahren durch die beiden Studien ermittelte Überschußsterblichkeit von Rauchern, gemittelt über alle Todesursachen.[5] So starben bei der Britischen Ärztestudie auf einen bestimmten Zeitraum und auf jeweils 1.000 männliche Raucher bezogen 2,55 mal so viele Raucher wie Nichtraucher. Die Zahlen für die beiden Studien sind nur bedingt vergleichbar, da im Rahmen der Britischen Ärztestudie keine nach Alter differenzierten Mortalitätsquotienten veröffentlicht werden, diese für die Krebspräventionsstudie aber vorliegen.[6] Die Zahlen für die Krebspräventionsstudie in Tabelle 3.6 wurden mit Hilfe der Altersverteilung der Bundesrepublik ermittelt. Es zeigt sich, daß die in der Britischen Ärztestudie gemessene Überschußsterblichkeit bei Männer größer und bei Frauen kleiner ist als die durch die Krebspräventionsstudie gemessene. Letzteres mag daran liegen, daß die Daten für Frauen in der Krebspräventionsstudie aktueller sind. Die Lebenserwartung von Rauchern sollte – auf der Grundlage der Britischen Ärztestudie berechnet – bei Rauchern höher und bei Raucherinnnen niedriger sein als die auf der Grundlage der Krebspräventionsstudie berechneten Werte.

In Kapitel 3.3 werden die Lebenserwartungen von Rauchern und Nichtrauchern berechnet. Dazu werden – vereinfacht gesagt – die durch

[5]Bei der Mittelung über die Todesursachen dient bei beiden Studien die Verteilung der Todesursachen in Deutschland, wie im Anhang B dargestellt, als Gewichtung.

[6]Zur Veranschaulichung hier ein Beispiel für drei Altersklassen: Während die Britische Ärztestudie $\frac{D_{R1}+D_{R2}+D_{R3}}{D_{NR1}+D_{NR2}+D_{NR3}}$ veröffentlicht, liegen für die Krebspräventionsstudie die $\frac{D_{Ri}}{D_{NRi}}$ getrennt vor.

Tabelle 3.5: Gesamte gemessene Überschußmortalität der Britischen Ärztestudie (ab 35 Jahre)

	leichte Raucher	starke Raucher
	bis 25 Zig./Tag	mehr als 25 Zig./Tag
Männer	2,55	5,01
Frauen	1,43	2,05

Tabelle 3.6: Gesamte gemessene Überschußmortalität der Krebspräventionsstudie II (ab 35 Jahre)

	leichte Raucher	starke Raucher	sehr starke Raucher
	bis 20 Zig./Tag	20-40 Zig./Tag	mehr als 40 Zig./Tag
Männer	2,57	3,54	4,56
Frauen	1,64	2,32	2,57

Rauchen verursachten Todesfälle aus der jetztigen Todesursachenstatistik herausgerechnet (eliminiert). Für die Ärztestudie werden dabei die altersunabhängigen Mortalitätsquotienten aus Tabelle 3.5 verwendet, das heißt, die Elimination wird für jede Altersklasse mit dem gleichen Mortalitätsquotienten durchgeführt. Im Gegensatz dazu wird für die Krebspräventionsstudie die Eliminierung für jede Altersklasse einzeln vorgenommen. Kapitel 3.3 wird dann auch zeigen, daß die in den Tabellen ersichtlichen Unterschiede auf die im vorigen Absatz genannten Ursachen zurückzuführen sind. Daher führt die Verwendung beider Studien bei der Berechnung der Lebenserwartungen zu ähnlichen Ergebnissen, wenn man Rauchen als Todesursache ausschließt.

Zum Schluß sei hier noch auf einen nicht unbedeutenden Vorteil für die Übertragbarkeit der Krebspräventionsstudie hingewiesen: die Aufteilung der Risikoklassen. Sie ist - im Gegensatz zu der der Britischen Ärztestudie - die gleiche wie die, in der Anteile der Raucher

Tabelle 3.7: Zuordnung der Risikoklassen der epidemiologischen Studien zu denen des Mikrozensus

Mikrozensus (Zig./Tag)	1-5 und 6-20	21-40	über 40
Britische Ärztestudie	m_2	m_3	m_3
Krebspräventionsstudie	m_2	m_{3a}	m_{3b}

an der Bevölkerung in Deutschland (im Mikrozensus des Statistischen Bundesamtes) gemessen werden (Abbildung 3.1). Das macht die Übertragung der Ergebnisse der Krebspräventionsstudie auf die deutsche Bevölkerung genauer als die Übertragung der Britischen Ärztestudie. Die verschiedenen Risikoklassen der beiden Studien werden denen des Mikrozensus wie in Tabelle 3.7 dargestellt zugeordnet. Dabei bezeichnet bei der Krebspräventionsstudie m_{3a} die starken Raucher und m_{3b} die sehr starken Raucher. Die Zuordnung gilt für die Berechnungen im Kapitel 3.3, in dem die Raucheranteile in der deutschen Bevölkerung verwendet werden, und für die Rentenberechnungen des Kapitels 6. Tabelle 3.8 zeigt noch einmal die beiden epidemiologischen Studien im Überblick.

Abbildung 3.1: Klassenbildung für den täglichen Zigarettenkonsum in den verschiedenen Erhebungen

MZ	1-5	6-20	21-40	41-		
GB	1-14	15-23	24-			
CPS	1-9	10-19	20	21-39	40	41-

MZ: Mikrozensus des Statistischen Bundesamtes (siehe auch Kapitel 5.3)
GB: Britische Ärztestudie
CPS: Amerikanische Krebspräventionsstudie II

Bevor in Kapitel 3.3 die Eliminierung der durch Rauchen bedingten Todesfälle in Deutschland vorgenommen wird, werden zunächst

(Kapitel 3.2) die bereits erwähnte Todesursachenstatistik für die Bundesrepublik und die daraus abgeleiteten Sterbetafeln vorgestellt. Die Beschreibung der Sterbetafelmethodik ist wegen der Besonderheiten notwendig, die beim hypothetischen Eliminieren von Todesursachen auftreten.

Tabelle 3.8: Britische Ärztestudie und Krebspräventionsstudie im Vergleich

	Britische Ärztestudie	Krebspräventionsstudie II
Auswahl	35.000 britische Ärzte und 6.000 Ärztinnen	1 Million Amerikaner/ innen aus allen Bundesstaaten
Untersuchungszeitraum	1951-1991	1982-1988
Vorteile	Ergebnisse stark nach Todesursachen aufgegliedert	Ergebnisse nach Alter differenziert
Nachteile	Ergebnisse nicht nach Alter differenziert	nur Betrachtung von vier Gruppen v. Todesursachen
Risikoklassen	1-5; 6-20; über 20	1-9; 10-19; 20; 21-39; 40; über 40

3.2 Die Todesursachenstatistik und Sterbetafel der Bundesrepublik Deutschland

Um die in den epidemiologischen Studien ermittelte erhöhte relative Sterblichkeit von Rauchern im Verhältnis zu Nichtrauchern auf die deutsche Bevölkerung zu übertragen, benötigt man Daten über deren Sterblichkeit. Diese liefert die Todesursachenstatistik und, darauf aufbauend, die Sterbetafel der deutschen Bevölkerung. Der Darstellung der Todesursachenstatistik des Statistischen Bundesamtes folgt die Beschreibung, wie aus dieser eine Sterbetafel konstruiert wird.

Das Statistische Bundesamt veröffentlicht für jedes Jahr in seiner Fachserie 12, Reihe 4 die "Todesursachen in Deutschland". Dabei handelt es sich um eine Totalerhebung aller in der Bundesrepublik in dem Berichtsjahr aufgetretenen Sterbefälle (inkl. gerichtlicher Todeserklärungen), soweit sie durch die Meldebehörden erfaßt werden. Die Todesursachen sind dabei nach Alter und Geschlecht aufgegliedert und gemäß der "Internationalen Klassifikation der Krankheiten, Verletzungen und Todesursachen" (ICD) verschlüsselt. Diese liegt zwar inzwischen in ihrer 10. Revision vor. Die für diese Arbeit relevanten Todesursachenstatistiken sind jedoch alle noch nach der 9. Revision (ICD9 1993) aus dem Jahre 1979 kodiert, was auch auf die veröffentlichten Ergebnisse der verwendeten epidemiologischen Studien aus Kapitel 3.1 zutrifft.

Bei der Todesursachenstatistik treten die folgenden zwei Fehlerquellen auf (Müller und Bocter 1990). In der Bundesrepublik Deutschland wird der Tod eines Menschen durch einen Arzt festgestellt. Dieser stellt eine sogenannte Todesbescheinigung oder einen Leichenschauschein aus und trägt darin als Todesursache das Grundleiden, "die Krankheit oder Verletzung, die den Ablauf der direkt zum Tode führenden Krankheitszustände auslöst, oder die Umstände des Unfalls oder Gewalteinwirkung, die den tödlichen Ausgang verursachen" (Müller und Bocter 1990, 16f.) sowie eine mögliche Kausalkette ein. Letztere findet in der Bundesrepublik keinen Eingang in offizielle Todesursachenstatistiken. Zum einen ist die Diagnose des Grundleidens, das zum Tode führt, fehleranfällig und interpretationsfähig. Eine unveröffentlichte Studie aus dem Jahr 1970 (Ergebnisse in Auszügen in Frentzel-Beyme und Keil 1981, 60ff.) zeigt allerdings, daß in der Bundesrepublik 83 % der auf den Todesbescheinigungen angegebenen

Diagnosen auf Angaben aus einer vorherigen Behandlung beruhen. In diesen Fällen kann mit einer hohen Genauigkeit der Diagnose gerechnet werden. Zum anderen muß sich der Arzt beim Ausfüllen des Todesscheins für ein Leiden als Hauptursache aus vielleicht mehreren vorliegenden Erkrankungen entscheiden. Auch dabei werden zwei verschiedene Ärzte nicht zwingend zum gleichen Ergebnis kommen. Die Standesämter erfassen mit dem Erhalt des Todesscheines den Sterbefall mit seiner Ursache und leiten diese Information über die Gesundheitsämter an das zuständige Statistische Landesamt weiter. Dort werden die Todesursachen nach der gültigen ICD verschlüsselt - eine weitere Fehlerquelle, die zu Verzerrungen führen kann. Hierbei variieren die Fehler stark zwischen den ICD-Hauptgruppen. Müller und Bocter (1987) stellen Abweichungen von Null bis 149 % fest. Die mit Abstand höchste Abweichung ist allerdings eine Übererfassung der Sammelkategorie "Symptome und schlecht bezeichnete Affektionen". Solche Fehler könnten zum Beispiel durch die Einführung eines automatischen Kodierungsverfahrens beseitigt werden, wie Jahn und Jöckel (1995) zeigen.

Um den Einfluß von zufälligen Schwankungen zu verringern, werden Todesursachenstatistiken üblicherweise über drei Jahre gemittelt, bevor man die Daten weiterverwendet. Allen folgenden Berechnungen liegt daher die aus den Statistiken von 1993 bis 1995 berechnete Todesursachenstatistik zugrunde, die im Anhang B wiedergegeben ist.

Insgesamt starben 1995 ca. 400.000 Männer und ca. 480.000 Frauen in Deutschland, die sich, wie in Abbildung 3.2 dargestellt, auf die Altersklassen verteilen.[7] Man sieht, daß die Anzahl der Todesfälle bei beiden Geschlechtern langsam ansteigt, wobei bis zur Altersklasse "75 bis 80" in jeder Klasse mehr Männer als Frauen sterben. Dort wendet sich das Bild: In allen höheren Altersstufen sterben mehr Frauen als Männer. Letzteres liegt an der höheren Lebenserwartung von Frauen

[7]Die Zahlen zur Erstellung der Abbildung sind der Todesursachenstatistik 1995 entnommen. Im Anhang B befinden sind vergleichbare Zahlen für 1993 bis 1995 gemittelt.

Abbildung 3.2: Anzahl der Todesfälle 1995 nach Alter (Struktur)

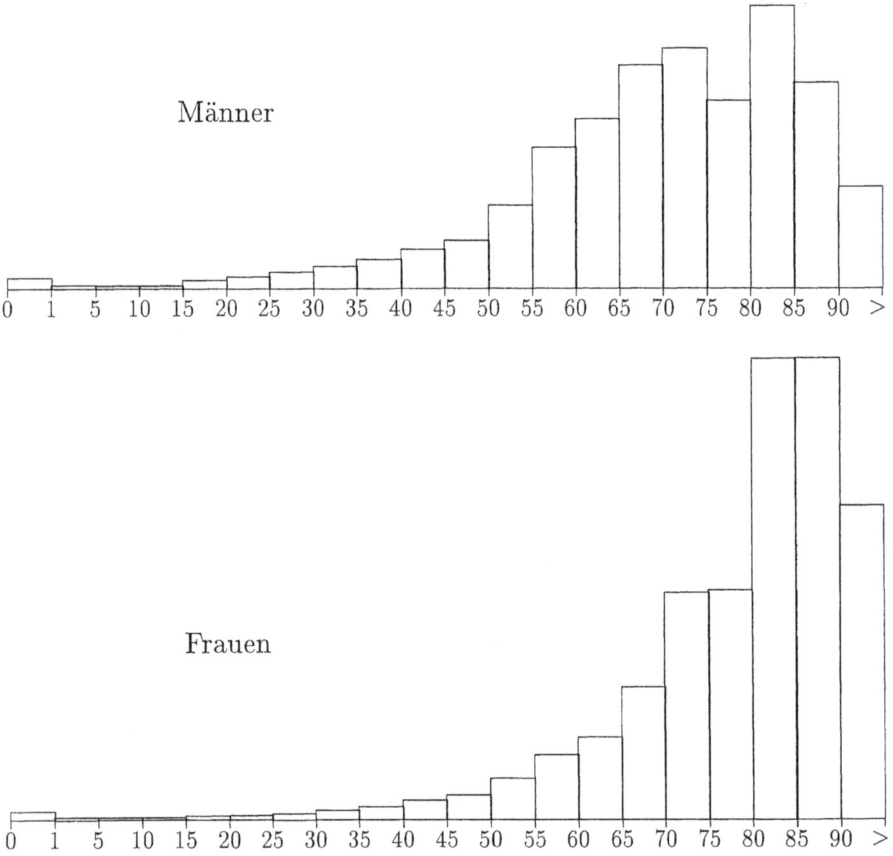

und damit an der stärkeren Besetzung der hohen Altersklassen. Damit erklärt sich ebenso, daß jährlich mehr Frauen als Männer sterben. Die niedrigen Werte in der Altersklasse "75 bis 80" selbst werden durch die geringe Besetzung dieser Klasse aufgrund der Geburtenausfälle des 1. Weltkriegs verursacht. Die Geburtenausfälle im 2. Weltkrieg führen zu einer geringen Besetzung der Altersklasse "45 bis 50". Sie spiegeln sich jedoch kaum in der Todesstatistik wider, da in dieser Altersklasse die Sterblichkeit niedrig ist. Das Bild der absoluten Zahlen trügt jedoch. Weil mehr Männer in früherem Alter sterben, ist der männliche Teil des Jahrgangs – obwohl etwas mehr Jungen als Mädchen in einer Jahreskohorte geboren werden – in den oberen Altersklassen schon so dezimiert, daß dort *absolut* mehr Frauen als Männer sterben. Betrachtet man die *relative Sterblichkeit* in Form der alterspezifischen Sterberate, die die Anzahl der Todesfälle (für jedes Geschlecht und jede Altersklasse) ins Verhältnis zur jeweiligen Bevölkerungsstärke setzt, so ist die Sterblichkeit von Frauen in allen Alterklassen geringer als die der Männer, wie die folgende Abbildung 3.3 und die dazugehörigen Zahlen im Anhang C zeigen. Dies wird in der demographischen Literatur auch als "Übersterblichkeit"[8] der Männer bezeichnet.

Für den Umfang, in dem verschiedene Todesursachen zur Überschußsterblichkeit der Raucher in Deutschland beitragen, ist nicht nur die relative Sterblichkeit, sondern auch der Anteil, den die jeweilige Todesursache an allen Todesursachen hat, wichtig. So hat zum Beispiel Ulcus pepticum (ICD 533), ein durch Magensäure hervorgerufenes Magengeschwür, immerhin einen Mortalitätsquotienten von 4,2 für starke Raucher[9], aber in Deutschland starben 1993/95 überhaupt nur 44 Männer jährlich an dieser Krankheit. Sie fällt für die gesamte durch Rauchen verursachte Überschußsterblichkeit in Deutschland nicht ins Gewicht. Dagegen kann eine Todesursache, die für Raucher nur einen niedrigen Mortalitätsquotienten hat, in hohem Maß zur Überschuß-

[8]Der Begriff "Übersterblichkeit" ähnelt zwar dem der "Über*schuß*sterblichkeit", unterscheidet sich aber inhaltlich davon wie der Text zeigt.

[9]Alle Angaben in diesem Abschnitt beruhen auf der Britischen Ärztestudie.

Abbildung 3.3: Empirische Sterberaten von Männern und Frauen nach Alter im Vergleich

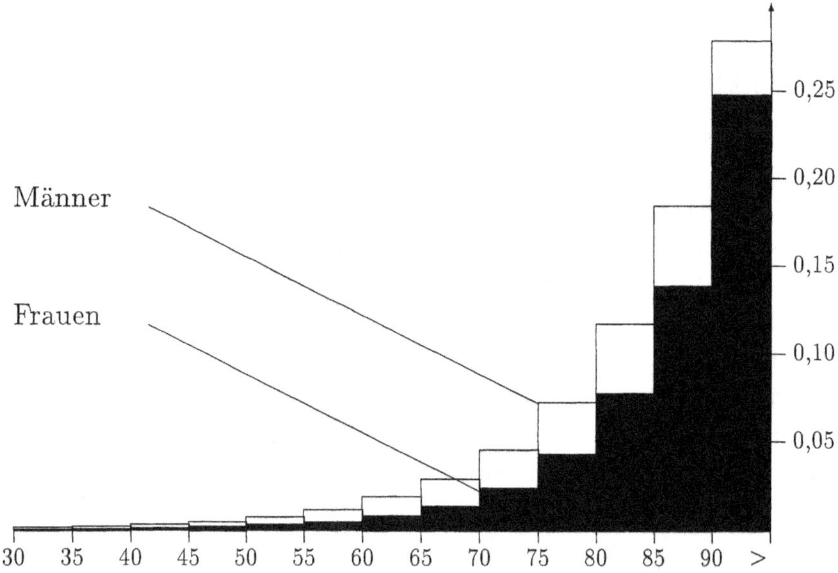

sterblichkeit von Rauchern beitragen, wenn diese Todesursache insgesamt für viele Sterbefälle verantwortlich ist. Ein Beispiel dafür sind ischämische Herzkrankheiten (ICD 410-414), die auch bei starken Rauchern nur einen Mortalitätsquotienten von 1,7 aufweisen, aber insgesamt fast 90.000 der jährlich 400.000 Sterbefälle bei Männern verursachen.

Die Todesursachenstatistik ist die Grundlage der Periodensterbetafel. Im Gegensatz zur Generationensterbetafel liegt ihr kein echter Geburtsjahrgang zugrunde. Stattdessen wird die aktuell herrschende Mortalität, die sich in der Todesursachenstatistik wie beschrieben niederschlägt, auf eine hypothetische Kohorte von in der Regel 100.000 Personen übertragen.

Spalte 1: Hier werden bei verkürzten Sterbetafeln die Intervalle, in die die Lebensjahre der Kohorte eingeteilt sind, eingetragen. Von der Regel der 5-Jahres-Intervalle weichen nur die ersten beiden und das letzte Intervall ab: Das erste Intervall umfaßt nur ein Jahr und beschreibt somit die Säuglingssterblichkeit, das zweite umfaßt die folgenden vier Jahre bis zur Vollendung des fünften Lebensjahres und das letzte ist in der Regel ab dem Alter von 90 Jahren nach oben offen.

Spalte 2 gibt Antwort auf die Frage, mit welcher bedingten Wahrscheinlichkeit q_i eine Person, die das Intervall i erreicht, in diesem Intervall i stirbt.

Spalte 3 enthält die Gegenwahrscheinlichkeit $p_i = 1 - q_i$, also die Wahrscheinlichkeit, mit der die entsprechende Person das nächste Intervall i+1 erreicht.

Spalte 4 gibt über die Anzahl der Personen l_i, die das Intervall i erreichen, Auskunft. Die Anzahl der Abgänge d_i stehen in **Spalte 5** .

Spalte 6: L_i bezeichnet die Anzahl der Personenjahre, die von allen Personen, die das Intervall i (aber nicht zwangsläufig das Intervall i+1) erreichen, durchlebt werden.

Spalte 7: $T_i = \sum_{j=i}^{w} L_j$ mißt die Anzahl der Personenjahre, die im Intervall i und allen späteren Intervallen von denjenigen Personen durchlebt werden, die das Intervall i erreichen.

Spalte 8 enthält für jede Altersklasse die fernere Lebenserwartung e_i. Das ist die Anzahl der Jahre, die eine Person, die die Altersklasse i erreicht hat, im Durchschnitt bei herrschender unveränderter Mortalität noch leben wird.

Spalte 9: $r(x)_i$ bezeichnet die (bedingte) Wahrscheinlichkeit, daß eine Person aus der Altersklasse i eine bestimmtes (Renteneintritts-) Alter bzw. das entsprechende Intervall x erreicht. Diese letzte Spalte ist nicht normaler Bestandteil von Sterbetafeln, sondern wird hier für die Zwecke dieser Arbeit hinzugefügt.

Tabelle 3.9: Allgemeines Schema einer Sterbetafel

1	2	3	4	5	6	7	8	9
Altersklasse i	q_i	p_i	l_i	d_i	L_i	T_i	e_i	$r(x)_i$
0-1								
1-5								
5-10								
⋮								
über 90								

Es gelten folgende Zusammenhänge, wobei n_i die Länge des Altersintervalls i bezeichnet, die bei verkürzten Sterbetafeln in der Regel 5 Jahre beträgt.

$$p_i = 1 - q_i \tag{3.1}$$

$$l_{i+1} = l_i - d_i \tag{3.2}$$

$$L_i = n_i l_{i+1} + \frac{1}{2} n_i d_i \tag{3.3}$$

$$T_i = \sum_{j=i}^{w} L_j \tag{3.4}$$

$$e_i = \frac{T_i}{l_i} \tag{3.5}$$

$$r(x)_i = \prod_{j=i}^{x-1} q_i \tag{3.6}$$

Insbesondere liegt Gleichung 3.3 die Annahme zugrunde, daß die Todesfälle in jedem Altersintervall gleichverteilt sind. Somit lebt jede Person, die in dieser Altersklasse stirbt, annahmegemäß genau das halbe Altersintervall.

Alle Werte der Sterbetafel hängen von den Sterbewahrscheinlichkeiten q_i ab und werden mittels der obigen Formeln daraus abgeleitet. Die wahren Werte der q_i sind allerdings unbekannt, so daß sie aus der Todes(ursachen)statistik geschätzt werden. Üblicherweise reicht hierzu eine Todesstatistik ohne Dokumentation der Ursachen völlig aus. Bei der Elimination von Todesursachen wird mittels der Toderursachenstatistik eine neue Todesstatistik als Grundlage für die Sterbetafelberechnungen erstellt. Zur Schätzung der Sterbewahrscheinlichkeiten q_i wurden in der Literatur verschiedene Verfahren vorgeschlagen.

Die unbekannten Sterbewahrscheinlichkeiten werden unter der Verwendung der empirischen Sterberaten M_i für jede Altersklasse i geschätzt. Als einen naheliegenden Schätzer erhält man[10]:

(3.7) $$\hat{q}_i = \frac{n_i M_i}{1 + \frac{1}{2} n_i M_i}$$

M_i ist definiert als die Anzahl der Todesfälle in einer Altersklasse geteilt durch die Gesamtbevölkerung in dieser Altersklasse. n_i bezeichnet die Länge des Altersintervalls i.

Weiterhin ist L_i für die letzte Altersklasse nicht nach Formel 3.3 berechenbar, weil das Altersintervall nach oben offen und damit n_i nicht bestimmt ist. L_{20} wird ebenfalls mit Hilfe der empirischen Sterberaten als $L_{20} = l_{20}/M_{20}$ geschätzt.

Dieses Vorgehen beruht auf der Annahme, daß die Todesfälle über das betrachtete Intervall gleichverteilt sind. Daß dies nicht der Fall ist, zeigen Vergleiche mit den jährlichen Daten. Chiang führte einen Korrekturterm a_i ein (Chiang 1968, 194). Dieser mißt den Anteil an Jahren, den ein Individuum, das im Intervall i stirbt, noch durchschnittlich in diesem Intervall lebt. Da die einjährigen empirischen Sterberaten in der Regel nicht veröffentlicht sind, aber die Anteile a_i keinen starken Schwankungen unterworfen sind, werden die a_i – einmal für eine Population geschätzt – üblicherweise bei der Erstellung aller folgenden

[10]Zur Herleitung vergleiche zum Beispiel Chiang (1968), S. 194f und 203f.

verkürzten Sterbetafeln verwendet. Die im folgenden für Deutschland benutzten a_i sind in Tabelle C.3 im Anhang C dokumentiert. Für die Schätzer ergibt sich:

$$\hat{q}_i = \frac{n_i M_i}{1 + (1 - a_i) n_i M_i} \tag{3.8}$$

Von den Berechnungen innerhalb der Sterbetafeln ändert sich lediglich die für L_i in 3.3 zu:

$$L_i = n_i l_{i+1} + a_i n_i d_i \tag{3.9}$$

Die a_i lassen sich kurz charakterisieren: Bis zum zehnten Lebensjahr sind sie kleiner als 0,5 , was bedeutet, daß die Personen, die in den betreffenden Intervallen sterben, im Durchschnitt weniger als die halbe Intervallänge leben. Bis zum Alter von 75 bleiben die a_i dann größer als 0,5, um dann wieder kleiner zu werden.

Das bislang beschriebene Verfahren generiert nach wie vor nur verkürzte Sterbetafeln, deren Ergebnisse (die fernere Lebenserwartung) mit Hilfe der Methode von Chiang nahe an den Ergebnissen für einjährige Sterbetafeln liegt. Für die Schätzungen in Kapitel 6 werden jedoch einjährige Sterbewahrscheinlichkeiten sowie einjährige fernere Lebenserwartungen benötigt. Eine Spline-Interpolation der 5-Jahres-Überlebenswahrscheinlichkeiten liefert keine sinnvollen Ergebnisse. Grund dafür ist der relativ plötzliche starke Abfall der Überlebenswahrscheinlichkeit im Alter. Als Alternative bietet sich lediglich eine lineare Interpolation an. Dies bedeutet de facto, daß die Überlebenswahrscheinlichkeit im 5-Jahres-Intervall konstant ist, eine Annahme, die Chiangs Korrekturtermen im Grundsatz widerspricht. Aufgrund mangelnder Alternativen sind diese Ungenauigkeiten hinzunehmen. Die Berechnungsmethode wird auf alle Sterbetafeln, die verglichen werden sollen, angewandt. Die im folgenden dargestellten Zahlen beruhen - soweit nicht anders gekennzeichnet - auf den wie dargelegt errechneten einjährigen Sterbewahrscheinlichkeiten. Sie sind daher nicht unmittelbar nach der Sterbetafelmethode dieses Kapitels zu berechnen, sondern über den beschriebenen Umweg.

Im folgenden wird die Kennzeichnung ^ für einen Schätzer weggelassen, da es sich bei den berechneten Sterbewahrscheinlichkeiten immer um einen Schätzer und nie um den wahren Wert handelt.

Tabelle 3.10 zeigt die Sterbetafel für Männer, die auf der Basis der Todesursachenstatistik 1993/95 wie oben dargestellt berechnet wurde. Sie spiegelt die Sterblichkeit der Bevölkerung in den 90er Jahren wider. Die q_i in der ersten Spalte wurden mit Hilfe der Formel 3.8 und der im Anhang C zusammengestellten Bevölkerungs- und Gesamtsterblichkeitsdaten geschätzt. Die nun vorliegende Sterbetafel stimmt nicht exakt mit der vom Statistischen Bundesamt veröffentlichten überein, da das Statistische Bundesamt mittels der (unveröffentlichten) einjährigen Todesursachenstatistik die sogenannten rohen Sterbewahrscheinlichkeiten berechnet und diese dann glättet (vgl. dazu auch den Methodikartikel von Meyer und Paul 1991). Im folgenden Kapitel werden getrennte Sterbetafeln für Raucher und Nichtraucher berechnet. Damit diese vergleichbar sind, ist es notwendig, sie immer nach der gleichen Methode zu berechnen. Da die Todesursachenstatistik nur verkürzt (in 5-Jahres-Klassen) zur Verfügung steht und da aufwendige Glättungen für eine hinreichende Qualität und die Vergleichbarkeit nicht notwendig sind, wird im folgenden die Methode von Chiang verwendet. Die Ergebnisse unterscheiden sich nur unwesentlich von denen des Statistischen Bundesamtes.

Die Zeile für das Alter 50-55 der Sterbetafel ist wie folgt zu interpretieren: Ein deutscher Durchschnittsmann, der seinen 50. Geburtstag feiert, wird mit einer Wahrscheinlichkeit p_{12} von 96,52 % seinen 55. Geburtstag erleben. Mit der entsprechenden Gegenwahrscheinlichkeit q_{12} von 3,48 % erlebt er ihn nicht. Von einer Geburtskohorte von 100.000 Männern erreichen 92613 das Alter 50 Jahre. In dem Altersintervall 50-55 sterben von dieser Kohorte weitere 3.226 Personen. Die Männer, die das Alter 50 erreichen, durchleben alle zusammen 455.485 Jahre im Intervall 50-55.

Tabelle 3.10: Sterbetafel der männlichen Bevölkerung 1993/1995

Alter	q_i	p_i	l_i	d_i	L_i	T_i	e_i	$r(65)_i$
0-1	0,0061	0,9939	100000	613	99485	7296518	72,97	0,7704
1-5	0,0014	0,9986	99387	142	397212	7197033	72,41	0,7752
5-10	0,0009	0,9991	99245	89	495989	6799821	68,52	0,7763
10-15	0,0010	0,9990	99156	94	495564	6303833	63,57	0,7770
15-20	0,0038	0,9962	99062	373	494545	5808269	58,63	0,7777
20-25	0,0051	0,9949	98689	506	492155	5313724	53,84	0,7807
25-30	0,0050	0,9950	98183	495	489679	4821569	49,11	0,7847
30-35	0,0067	0,9933	97688	650	486880	4331890	44,34	0,7886
35-40	0,0099	0,9901	97038	956	482942	3845010	39,62	0,7939
40-45	0,0146	0,9854	96081	1405	477175	3362068	34,99	0,8018
45-50	0,0218	0,9782	94676	2063	468532	2884894	30,47	0,8137
50-55	0,0348	0,9652	92613	3226	455485	2416361	26,09	0,8319
55-60	0,0541	0,9459	89387	4838	435326	1960876	21,94	0,8619
60-65	0,0888	0,9112	84550	7508	404729	1525551	18,04	0,9112
65-70	0,1324	0,8676	77042	10203	359700	1120822	14,55	1,0000
70-75	0,2027	0,7973	66838	13551	300315	761122	11,39	1,0000
75-80	0,3024	0,6976	53288	16115	223735	460807	8,65	1,0000
80-85	0,4382	0,5618	37173	16288	139444	237072	6,38	1,0000
85-90	0,5858	0,4142	20885	12235	66496	97628	4,67	1,0000
über 90	1,0000	0,0000	8650	8650	31132	31132	3,60	1,0000

Insgesamt stehen den Männern, die das Alter 50 erreichen, noch 2.416.361 Lebensjahre bevor. Jeder Mann, der seinen 50. Geburtstag erreicht, hat eine fernere Lebenserwartung von 26,09 Jahren. Er erreicht mit einer Wahrscheinlichkeit von 83 % das Renteneintrittsalter von 65 Jahren. Die Berechnung der empirischen altersspezifischen Sterberaten befindet sich im Anhang C ebenso wie die Sterbetafel für Frauen. Beim Vergleich zwischen Männern und Frauen fällt vor allem die in jeder Altersklasse niedrigere Sterblichkeit von Frauen auf. Das bewirkt eine höhere Lebenserwartung und eine höhere Wahrscheinlichkeit, das Rentenalter zu erreichen.

In den späteren Berechnungen wird die fernere Lebenserwartung unter der Bedingung, daß die Person nicht 65 Jahre alt wird, benötigt.

Dazu ist eine "Teilung" der Sterbetafel notwendig. Die Sterbetafel wird bei der Altersklasse 65 abgeschnitten. Spalte 5 der Sterbetafel enthält die Anzahl der Personen, die das 65. Lebensjahr nicht erreichen, und ist damit Ausgangspunkt der weiteren Sterbetafelberechnungen. Darauf aufbauend kann man nun die l_i (Spalte 4), q_i (Spalte 2) und p_i (Spalte 3) ebenso wie L_i (Spalte 6), T_i (Spalte 7), e_i (Spalte 8) und $r(65)_i$ (Spalte 9) neu berechnen. Das Ergebnis einer solchen Umrechnung ist für die Sterbetafel aus Tabelle 3.10 in Tabelle 3.11 dargestellt.

Tabelle 3.11: Sterbetafel für die männliche Bevölkerung, die das 65. Lebensjahr nicht erreicht (1993/1995)

Alter	q_i	p_i	l_i	d_i	L_i	T_i	e_i	$r(65)_i$
0-1	0,0267	0,9733	22958	613	22443	1167986	50,87	0
1-5	0,0064	0,9936	22345	142	89045	1145543	51,27	0
5-10	0,0040	0,9960	22203	89	110779	1056498	47,58	0
10-15	0,0043	0,9957	22114	94	110354	945719	42,77	0
15-20	0,0169	0,9831	22020	373	109335	835365	37,94	0
20-25	0,0234	0,9766	21647	506	106945	726030	33,54	0
25-30	0,0234	0,9766	21141	495	104468	619085	29,28	0
30-35	0,0315	0,9685	20646	650	101670	514617	24,93	0
35-40	0,0478	0,9522	19996	956	97733	412947	20,65	0
40-45	0,0738	0,9262	19040	1405	91969	315214	16,56	0
45-50	0,1170	0,8830	17635	2063	83327	223245	12,66	0
50-55	0,2072	0,7928	15572	3226	70279	139919	8,99	0
55-60	0,3919	0,6081	12346	4838	50119	69640	5,64	0
60-65	1,0000	0,0000	7508	7508	19521	19521	2,60	0

3.3 Die Elimination des Rauchens als mittelbare Todesursache

Die im vorigen Kapitel berechneten Sterbetafeln sind zwar geschlechterspezifisch aufgeteilt, bezüglich aller anderen Aspekte aber gemischte Sterbetafeln. "Gemischt" bezieht sich vor allem auf das Risiko "Rauchverhalten". Um die unterschiedliche Lebenserwartung von Rauchern und Nichtrauchern zu berechnen, ist es notwendig, die Sterbetafeln zu disaggregieren und jeweils spezifische Werte für Personen in den unterschiedlichen Risikoklassen zu ermitteln. Dazu werden die gemischten Sterbewahrscheinlichkeiten q_i als gewichtetes Mittel der Sterbewahrscheinlichkeiten der verschiedenen Risikogruppen interpretiert (Leu und Schaub 1983a, 12). Als Gewichte dienen die Raucheranteile A_{ir} in der Bevölkerung, die in Anhang D festgehalten sind. Mit $q_{ir} = m_{ir} q_{i1}$ folgt:

$$(3.10) \qquad q_i = \sum_{r=1}^{3} A_{ir} q_{ir} = \sum_{r=1}^{3} A_{ir} m_{ir} q_{i1}$$

Daraus folgt unmittelbar für die Sterberisiken von Nichtrauchern und Rauchern:

$$(3.11) \qquad q_{ir} = \begin{cases} q_i / \sum_{r=1}^{3} A_{ir} m_{ir} & \textit{für} \quad r = 1 \\ m_{ir} q_{i1} & \textit{für} \quad r = 2,3 \end{cases}$$

Aus diesen unterschiedlichen Sterberisiken lassen sich die ferneren Lebenserwartungen für jede Altersklasse in Abhängigkeit von den Rauchgewohnheiten errechnen. Abbildung 3.4 auf Seite zeigt die Unterschiede anhand eines einfachen Diagramms. Im Laufe des Lebens sinkt die fernere Lebenserwartung bei Rauchern und Nichtrauchern. Der Abstand zwischen Rauchern und Nichtrauchern wird absolut gesehen immer kleiner, relativ zur ferneren Lebenserwartung aber immer größer (Abbildung 3.5).

Nachdem nun getrennte Sterbetafeln für Raucher und Nichtraucher vorliegen, werden diejenigen für Raucher näher untersucht: Rauchen soll als Todesursache für Raucher eliminiert werden. Ziel dabei ist es, eine Sterbetafel für eine hypothetische Kohorte von "nicht rauchenden

Abbildung 3.4: Verlauf der ferneren Lebenserwartung in Jahren bei männlichen Nichtrauchern und Rauchern (Basis: Britische Ärztestudie)

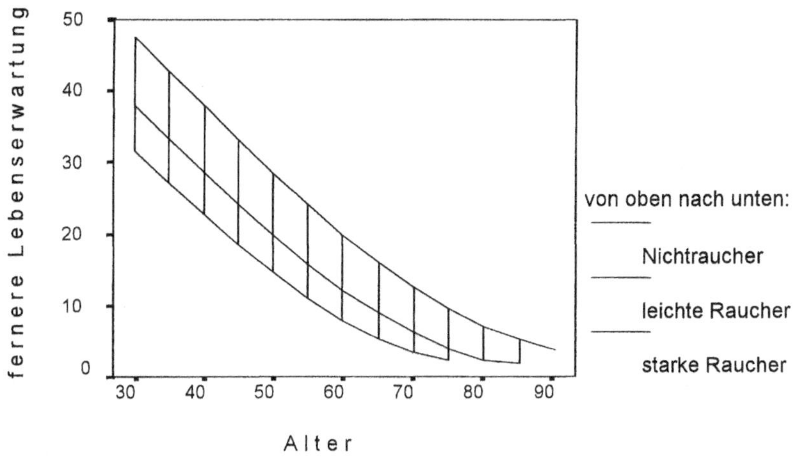

Rauchern", d. h. Personen, die nicht rauchen, aber sonst alle Merkmale von Rauchern haben, zu erstellen. Eine solche Sterbetafel ist nicht mit der für Nichtraucher identisch, da – wie bereits in Kapitel 3.1 angesprochen – die Überschußmortalität der Raucher nicht gänzlich ursächlich dem Rauchen anzulasten ist. Dies liegt zum einen an einem allgemein weniger gesunden Lebensstil von Rauchern (Thompson und Warburton 1992, Thornton, Lee, und Fry 1994) oder an der höheren Risikobereitschaft, die sich zum Beispiel in der erhöhten Sterblichkeit durch "Unfälle, Suizid und Verletzungen" (World Health Organisation 1975) widerspiegelt. Zum anderen zeigt sich am Beispiel der Leberzirrhose (ICD 571), daß einige Risikofaktoren zusammen auftreten. Die hohe Korrelation von starkem Alkohol- und starkem Tabakkonsum (Schucan und Abelin 1981) führt hier zur Korrelation von Leberzirrhosesterblichkeit und Rauchen. Die Differenzierung

Abbildung 3.5: Verlauf der ferneren Lebenserwartung bei männlichen Nichtrauchern, leichten und starken Rauchern in Relation zur Lebenserwartung der Nichtraucher (Basis: Britische Ärztestudie)

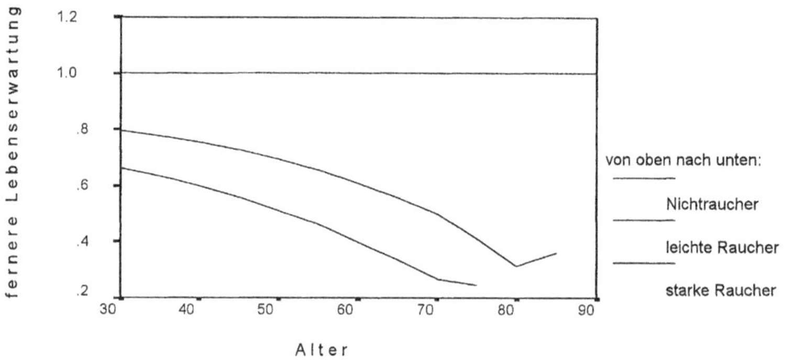

zwischen statistischer Korrelation und wahrer Kausalität ist eine der schwierigsten Aufgaben der Epidemiologie. Tatsächlich ist kein statistisches Verfahren in der Lage, Kausalität zu beweisen, es können lediglich Korrelationen nachgewiesen werden. Studien mit ehemaligen Rauchern, bei denen die Überschußsterblichkeit mit den Jahren abnimmt, und Laborexperimente, die die krebsverursachende Wirkung von Bestandteilen des Tabakrauches nachweisen, liefern weitere Indizien für Kausalitäten. Zwar gibt es durchaus prominente Wissenschaftler wie den britischen Psychologieprofessor Hans J. Eysenck (1965 und 1980) oder den Statistiker Sir Ronald Fisher (Gould 1996), die sich auf eine gemeinsame genetische Prädisposition zu Rauchen und verschiedenen Krankheiten berufen[11]. Die große Mehrheit der medizinischen und epidemiologischen Fachwelt schließt jedoch aus den vorhandenen Studien auf einen starken kausalen Zusammenhang zwischen Rauchen und erhöhter Sterblichkeit (Royal College of Physicians 1971, 32f.).

[11]Beide bemühen sogar die theoretisch mögliche Argumentation "Lungenkrebs verursacht Rauchen", die allerdings nicht besonders plausibel ist.

Die Qualität der in der vorliegenden Arbeit erzielten Ergebnisse ist mit der Qualität der zugrunde liegenden Studien, nämlich der Britischen Ärztestudie sowie der amerikanischen Krebspräventionsstudie, untrennbar verbunden. Aufgabe dieser Arbeit kann es aber nicht sein, die gesamte epidemiologische Literatur von Grund auf zu analysieren und zu bewerten. Somit werden die Ergebnisse der Epidemiologie für die folgenden Berechnungen übernommen, so wie dies bereits in anderen Arbeiten geschehen ist (z. B. Peto und Lopez 1994).

Bei der Elimination der mittelbar durch Rauchen verursachten Todesfälle in den Sterbetafeln für Raucher wird wie folgt vorgegangen. Der Unsicherheit bezüglich des Ausmaßes der Kausalität wird durch verschiedene Szenarien Rechnung getragen. Die rauchenbedingten Überschußtodesfälle werden zu 90 %, zu 75 % und zu 65 % dem Rauchen zugeordnet. Das führt zur Variation der Gleichung 3.11:

$$q_{ir} = \begin{cases} q_i / \sum_{r=1}^{3} A_{ir} m_{ir} & für \quad r = 1 \\ (1 + \pi(m_{ir} - 1)) q_{i1} & für \quad r = 2,3 \end{cases} \tag{3.12}$$

π beschreibt dabei den Anteil der Überschußmortalität, der *nicht* kausal auf das Rauchen zurückgeführt wird.

Aus den so berechneten Sterbewahrscheinlicheiten für dieses (von Leu und Schaub eingeführte und weiter oben bereits verwendete) theoretische Konstrukt des "nicht rauchenden Rauchers" werden erneut Sterbetafeln konstruiert. Aus diesen resultieren neue Lebenserwartungen und Wahrscheinlichkeiten, das Rentenalter zu erreichen. Diese werden benutzt, um den Gewinn an Lebenserwartung durch Nichtrauchen zu schätzen.

Beim Eliminieren treten zwei weitere Probleme auf. Die letzte nach oben offene Alterklasse bereitet Schwierigkeiten: Welche unterschiedliche Sterblichkeit ordnet man den verschiedenen Risikoklassen zu? Man kann die gemischte Sterbetafel für diese Altersklasse nicht wie die anderen gemäß Formel 3.12 aufspalten, da in dieser Altersklasse für alle - unabhängig von den Rauchgewohnheiten - eine Sterblichkeit von Eins herrscht. Sie wird daher wie folgt behandelt: Mittels der empirischen Sterberaten wird (wie im vorangegangenen Kapitel beschrieben) die fernere Lebenserwartung e für diese Alterklasse ermittelt. Diese wird dann analog zu Formel 3.10 als gewichtetes Mittel der ferneren Lebenserwartungen aller Risikoklassen interpretiert.

$$e = \sum_{r=1}^{3} A_r e_r = \sum_{r=1}^{3} A_r \frac{1}{m_r} e_1 \tag{3.13}$$

Daraus folgt für die fernere Lebenserwartung von 90jährigen Rauchern und Nichtrauchern:

$$e_r = \begin{cases} e / \sum\limits_{r=1}^{3} A_r \frac{1}{m_r} & \textit{für} \quad r = 1 \\ \frac{1}{m_r} e_1 & \textit{für} \quad r = 2,3 \end{cases} \tag{3.14}$$

Insgesamt liegen nun Sterbetafeln für Nichtraucher, für (leicht, stark und sehr stark) "rauchende" Raucher und für hypothetische (leicht, stark und sehr stark) "nicht rauchende" Raucher vor. Die Konstruktion des "nicht rauchenden" Rauchers war notwendig, da die für Raucher gemessene Überschußmortalität (im Vergleich zu Nichtrauchern) nicht vollständig ursächlich dem Rauchen angelastet werden kann. Für die Gruppen der nicht rauchenden Raucher liegt je eine Sterbetafel vor, in der die mit Rauchen in Zusammenhang stehenden Todesursachen zu 90 %, zu 75 % und zu 65 % eliminiert wurden.

Die größten absoluten Unterschiede in der Lebenserwartung zwischen Rauchern und Nichtrauchern treten im mittleren Alter auf, wenn die erhöhte Sterblichkeit durch Rauchen einsetzt. Die Tabellen 3.12 und 3.13 zeigen daher exemplarisch die verschiedenen ferneren Lebenserwartungen im Alter von 30 Jahren, die Tabellen 3.14 und 3.15 die im Alter von 65 Jahren. Für letztere sind auch die Auswirkungen der verschiedenen Eliminationsszenarien dargestellt.

Tabelle 3.12: Fernere Lebenserwartung mit 30 Jahren (Basis: Britische Ärztestudie)

	Nicht-raucher	leichte Raucher	Differenz	starke Raucher	Differenz
Männer	47,48	37,88	9,60	31,55	15,93
Frauen	50,67	47,02	3,65	43,50	7,17

Die Ergebnisse der Verwendung der Daten aus den beiden unterschiedlichen Studien sind für Nichtraucher fast gleich, was daran liegt, daß die Nichtraucher in der gemischten Bevölkerung den größten Teil stellen. Ein 65jähriger männlicher Nichtraucher hat nach nach diesen Berechnungen – egal mit welcher Studie man arbeitet – eine fernere Lebenserwartung von 16 Jahren, ein starker Raucher lediglich eine von nicht ganz fünfeinhalb, wenn man die Britische Ärztestudie verwendet. Unterstellt man, daß 75 % der festgestellten Überschußsterblichkeit ursächlich auf Rauchen zurückgehen, so hätte dieser Mann, wenn er nicht rauchen würde, eine fernere Lebenserwartung von immerhin zehneinhalb Jahren, was einem Zugewinn von etwa fünfeinhalb Jahren entspricht. Bei der Krebspräventionsstudie wird zwischen starkem und sehr starkem Raucher differenziert. Die fernere Lebenserwartung beträgt für die ersten sechseinhalb und für die letzteren fünf Jahre. Nimmt man an, daß 75% der Überschußmortalität von Rauchern durch Rauchen verursacht wird, kann der beschriebene starke oder sehr starke Raucher durch Nicht-Rauchen zwischen fünfdreiviertel und sechseinhalb Jahren an Lebenserwartung gewinnen. Man sieht deutlich, daß sich die Lebenserwartung – je stärker man die Überschußtodesfälle dem Rauchen ursächlich zurechnet – der des Nichtrauchers annähert und sie bei 100 %iger Zurechnung definitionsgemäß erreicht. Die gleichen Tabellen lassen sich für alle Altersklassen aufstellen. Das Beispiel der 65jährigen wurde hier gewählt, weil eben diese Zahlen bei der Rentenberechnung in Kapitel 6 eine Rolle spielen werden. Insge-

Tabelle 3.13: Fernere Lebenserwartung mit 30 Jahren (Basis: Krebspräventionsstudie)

	Nicht-raucher	leichte Raucher	Differenz
Männer	47,22	36,67	10,55
Frauen	50,80	45,69	5,11

	Nicht-raucher	starke Raucher	Differenz
Männer	47,22	33,84	13,38
Frauen	50,80	42,46	8,34

	Nicht-raucher	sehr starke Raucher	Differenz
Männer	47,22	31,78	15,44
Frauen	50,80	41,89	8,91

samt entsprechen die Unterschiede in der ferneren Lebenserwartung von Rauchern, wie sie sich bei der Verwendung der beiden Studien (Britische Ärztestudie und Krebspräventionsstudie) ergeben, den Erwartungen aus Kapitel 3.1. Für Männer ist die Lebenserwartung für Raucher etwas niedriger, wenn man die Britische Ärztestudie verwendet; für Frauen ist sie in diesem Fall höher.

Die dem Rauchen zugerechneten Überschußtodesfälle, die sich aus einer 100 %-igen Zurechnung ergeben, entsprechen dem Ergebnis, das man bei der Verwendung des von Levin (1953) eingeführten epidemiologischen Maßes des attributablen Risikos erzielt, das man auch in den meisten Epidemiologielehrbüchern findet (z. B. Lilienfeld 1976, 185f.). Mit Hilfe des verallgemeinerten attributablen Risikos ("generalized impact fraction") von Drescher und Becher (1997) kann man in einer epidemiologischen Studie einen stetigen Risikofaktor mit Dosis-

Tabelle 3.14: Fernere Lebenserwartung mit 65 Jahren (Basis: Britische Ärztestudie)

	Männer		
	Nicht-raucher	leichte Raucher	starke Raucher
ohne Elimination	16,04	8,99	5,38
Elimination 65%	16,04	12,46	9,35
Elimination 75%	16,04	13,29	10,55
Elimination 90%	16,04	14,88	13,21

	Frauen		
	Nicht-raucher	leichte Raucher	starke Raucher
ohne Elimination	18,43	15,51	12,90
Elimination 65%	18,43	17,26	15,89
Elimination 75%	18,43	17,57	16,52
Elimination 90%	18,43	18,07	17,60

Wirkung, wie das Rauchen, auch teilweise eliminieren, so daß man beispielsweise Berechnungen für eine Bevölkerung, die ihren Zigarettenkonsum um 50 % senkt, erhält. Solche Berechnungen sind nur mit den Rohdaten einer epidemiologischen Studie möglich. Sie können hier nicht durchgeführt werden, da von der Britischen Ärztestudie und der Krebspräventionsstudie lediglich die veröffentlichten Daten vorliegen.

Für Frauen fallen die Differenzen bedeutend niedriger aus als für Männer - unabhängig davon, welche Studie man verwendet. Das hat zwei Gründe: Einerseits sind die gemessenen Mortalitätsquotienten bedeutend niedriger (teilweise nur halb so groß). Dies ist ein Effekt, der von Epidemiologen weniger einer größeren gesundheitlichen Robustheit von Frauen gegen die gesundheitlichen Folgen von Rauchen zugesprochen wird, als vielmehr ihren insgesamt anderen Lebensumständen

Tabelle 3.15: Fernere Lebenserwartung mit 65 Jahren (Basis: Krebspräventionsstudie)

	Männer			
	Nicht-raucher	leichte Raucher	starke Raucher	sehr starke Raucher
ohne Elimination	16,08	7,92	6,44	5,06
Elimination 65%	16,08	12,27	11,02	10,37
Elimination 75%	16,08	13,23	12,21	11,66
Elimination 90%	16,08	14,85	14,36	13,54

	Frauen			
	Nicht-raucher	leichte Raucher	starke Raucher	sehr starke Raucher
ohne Elimination	18,52	14,48	12,71	12,42
Elimination 65%	18,52	16,91	16,09	15,96
Elimination 75%	18,52	17,34	16,73	16,64
Elimination 90%	18,52	18,03	17,77	17,73

und vor allem der Tatsache, daß Frauen weniger (stark) selbst und passiv rauchen. Mithin wird im Laufe der Jahre mit der Anpassung der weiblichen Rauchgewohnheiten an die der Männer eine Angleichung der Mortalitätsquotienten erwartet. "Nevertheless, if this is merely because on average women have not smoked effectively for as many years as men, the risk ratios may eventually be the same in both sexes, in which case the effects of smoking on women will be greater than is currently supposed." (Doll, Gray, Hafner, und Peto 1980, 967) Zum anderen rauchen in der Bundesrepublik weniger Frauen als Männer (vgl. auch Tabelle D im Anhang). Daß das die geschilderten Auswirkungen hat, liegt in der angewandten Methodik. Formel 3.12 auf Seite 55 schätzt die Sterbewahrscheinlichkeiten von Rauchern und Nichtrauchern in Abhängigkeit der Raucheranteile in der Bevölkerung.

Unterschiedliche Lebenserwartungen für Raucher bedeuten auch eine niedrigere Wahrscheinlichkeit, das Renteneintrittsalter zu erreichen. Dieses Ergebnis soll wiederum am Beispiel einer 30jährigen Person, die mit 65 Jahren in Rente gehen möchte, dargestellt werden.

Tabelle 3.16: Wahrscheinlichkeit eines 30jährigen, 65 Jahre alt zu werden (Basis: Britische Ärztestudie)

	Nicht-raucher	leichte Raucher	Faktor	starke Raucher	Faktor
Männer	0,86	0,67	78%	0,43	50%
Frauen	0,90	0,86	96%	0,81	90%

Tabelle 3.17: Wahrscheinlichkeit eines 30jährigen, 65 Jahre alt zu werden (Basis: Krebspräventionsstudie)

	Nichtraucher	leichte Raucher	Faktor
Männer	0,86	0,61	71%
Frauen	0,90	0,84	93%

	Nichtraucher	starke Raucher	Faktor
Männer	0,86	0,47	55%
Frauen	0,90	0,75	83%

	Nichtraucher	sehr starke Raucher	Faktor
Männer	0,86	0,40	47%
Frauen	0,90	0,75	83%

Auch in diesem Fall unterscheiden sich die Ergebnisse der Britischen Ärztestudie und der Krebspräventionsstudie nicht stark. Für 30jährige Nichtraucher errechnen beide eine Wahrscheinlichkeit von

86 % (Männer) beziehungsweise 90 % (Frauen), 65 Jahre alt zu werden. Für einen starken Raucher erhält man mit der Britischen Ärztestudie 43 % und mit der Krebspräventionsstudie 47 %. Das Royal College of Physicians errechnete für Großbritannien mit Hilfe der Auswertungen der ersten zehn Jahre der Britischen Ärztestudie (Doll und Hill 1964) noch 82% für einen 35jährigen Nichtraucher und immerhin noch 60% für einen starken Raucher (Royal College of Physicians 1971), Ergebnisse, die aber noch mit einer allgemein höheren Mortalität und mit den früher bedeutend geringer gemessenen Mortalitätsquotienten errechnet wurden. Eine ausführlichere Tabelle der "Renteneintrittswahrscheinlichkeiten" befindet sich im Anhang E.

Einschränkend muß gesagt werden, daß die vorliegenden Zahlen nur gelten für den Unterschied zwischen Rauchern und *Nicht*rauchern. Hört ein Raucher mit dem Rauchen auf, so erlangt er nicht sofort (je nach Alter auch gar nicht mehr) das niedrigere Risiko eines vergleichbaren Nichtrauchers. Er wird zum *Ex*raucher, nicht zum *Nicht*raucher. Eine dynamische Betrachtung, die das berücksichtigen würde, kann hier nicht stattfinden. Bei den folgenden Berechnungen wird immer implizit davon ausgegangen, daß das Überschußrisiko, wenn auch nicht vollständig (vergleiche die Eliminiationsszenarien), so doch vom einen auf den nächsten Augenblick verschwindet. Das Ergebnis der Berechnungen bezieht sich, korrekt interpretiert, nicht auf die unterschiedlichen Rentenzahlungen für eine Bevölkerung, die jetzt mit dem Rauchen aufhört, sondern auf die unterschiedlichen Rentenzahlungen für die 1995 erwerbstätige deutsche Bevölkerung, wenn sie nie geraucht hätte.

Die in diesem Kapitel berechneten unterschiedlichen Lebenserwartungen von Rauchern und Nichtrauchern decken sich weitgehend mit ähnlichen Berechnungen. Betrachtet man die Lebenserwartung, so ist das vorliegende Ergebnis mit dem der Übertragung von Peto et al. (1994) vergleichbar. Da den Autoren keine Zahlen über die Rauchgewohnheiten der betrachteten Bevölkerungen vorlagen, übertrugen sie die Überschußmortalität von Lungenkrebs zu 100% und die anderen erhöhten Sterblichkeitsraten zu 50% auf die Bevölkerungen verschiedener Industrienationen. Sie errechnen für Raucher und Raucherinnen in Deutschland einen Verlust von *durchschnittlich* 14 Jahren - verursacht durch Rauchen. Daß das bereits erwähnte Ergebnis von Leu und Schaub mit eineinhalb Jahren Verlust für Männer um so viele Jahre geringer ausfällt, hat mehrere Gründe. Wichtigste Ursache ist, daß die Überschußsterblichkeit zum Zeitpunkt ihrer Arbeit, Anfang der 80er Jahre, noch bedeutend geringer gemessen wurde als heute, wie auch die Metastudie von van de Mheen und Gunning-Schepers zeigt. Beispielsweise legen Leu und Schaub für Lungenkrebs einen Mortalitätsquotienten von insgesamt 10,8 zugrunde, während in der Britischen Ärztestudie schon der für leichte Raucher 15 und der für starke Raucher 48 beträgt (vgl. Tabelle 3.2). Zum anderen eliminieren Leu und Schaub in einer unteren Schätzung 50 % und in einer oberen Schätzung 65 % der Überschußmortalität, Zahlen, die eine äußerst konservative Schätzung kennzeichnen. Weiterhin mag die unterschiedliche Prävalenz einiger Todesursachen in Deutschland heute und der Schweiz Ende der 70er Jahre eine Rolle spielen.

Kapitel 4

Die gesetzliche Rentenversicherung

Nachdem im vorangegangenen Kapitel mit der Schätzung der unterschiedlichen (ferneren) Lebenserwartungen von Rauchern und Nichtrauchern in Deutschland sowie den unterschiedlichen Wahrscheinlichkeiten für die verschiedenen Risikogruppen, das Rentenalter zu erreichen, die medizinisch-statistischen Grundlagen gelegt wurden, wendet sich Kapitel 4 dem deutschen Rentensystem zu. Kapitel 4.1 erläutert die Organisation der gesetzlichen Rentenversicherung in Deutschland und stellt die wichtigsten Rentenarten dar. Auf der Basis der dort dargelegten Merkmale finden später in Kapitel 6 die Schätzungen mittels des gewählten Datensatzes statt. Die Berechnungsmethode einer persönlichen Rente ist Thema von Kapitel 4.2. Kapitel 4.3 stellt einige aktuelle Eckdaten des Haushalts der gesetzlichen Rentenversicherung dar. Dies dient in Kapitel 6 dazu, die Schätzungen der Rentenausgaben auf ihre "Realitätsnähe" zu prüfen.

Die Altersvorsorge ist, wie in den meisten anderen Staaten, auch in der Bundesrepublik auf drei Säulen aufgebaut. Diese sind – neben den Pensionsleistungen für Beamte – die gesetzliche Rentenversicherung, die betriebliche Altersversorgung und die private Vorsorge. Während die erste Säule stark ausgebaut ist, fristen die beiden anderen in der

Bundesrepublik bislang eher ein Schattendasein. Zwar besteht gemäß Mikrozensus für ein Viertel aller Beschäftigten eine betriebliche Altervorsorge irgendeiner Art (vgl. Kapitel 5.3, Seite 98). Andere Erhebungen zeigen jedoch, daß diese betriebliche Altersvorsorge in ihrer Bedeutung für die Altersversorgung eher den Charakter eines Zubrotes als einer echten Versorgung hat. Denn die Mehrheit der Betriebsrenten liegt unter 200 DM monatlich (Dürkop 1992, 116). In der politischen Diskussion um die zukünftige Gestaltung der Altersvorsorge spielt der Ausbau und die gezielte Unterstützung der privaten Komponente eine zunehmende Rolle.

4.1 Organisation und wesentliche Merkmale

Die vorliegende Arbeit betrachtet die Hauptsäule der Altersvorsorge: die gesetzliche Rentenversicherung. Die beiden anderen Säulen werden außer Acht gelassen, da es an geeigneten Mikrodaten mangelt, um die Auswirkungen des Rauchens auf entgangene Renten, die aus privater und betrieblicher Vorsorge stammen, zu analysieren. Desweiteren liegt das Hauptinteresse der Arbeit weder auf der individuellen (wie bei Shoven et al. 1989) noch auf der betrieblichen Sicht (wie bei Gori et al. 1984) der Altersvorsorge. Ziel der Arbeit ist es vielmehr, die Auswirkungen unterschiedlicher Rauchgewohnheiten auf das Budget der gesetzlichen Rentenversicherung abzuschätzen. Von diesem Standpunkt aus sind die beiden anderen Säulen bedeutungslos.

Die Hauptsäule "gesetzliche Rentenversicherung" selbst kann aus verschiedenen Blickwinkeln betrachtet werden. In dieser Arbeit stehen die formalen gesetzlichen Bestimmungen des *geltenden* Rentenrechts im Vordergrund. Diese sind unter anderem durch demographischen Druck häufigem Wandel unterworfen. Die folgende Beschreibung der gesetzlichen Rentenversicherung stützt sich im wesentlichen auf das im Frühjahr 1995 geltende Recht und berücksichtigt – soweit das für die

Schätzung der Ausgaben der gesetzlichen Rentenversicherung in Kapitel 6 sinnvoll ist – neuere Regelungen. Alle Reformvorschläge sind für die vorliegende Arbeit nur insoweit von Interesse, als daß der schon bestehende Reformdruck durch erfolgreiche Gesundheitsvorsorgepolitik und die damit verbundene Verlängerung der Lebenserwartung größer wird.

Die Organisation der gesetzlichen Rentenversicherung ist im Sozialgesetzbuch (§23 SGBI) geregelt. Die Zuständigkeit wird auf die einzelnen Versicherungsträger übertragen. Das sind im Falle der Arbeiterrentenversicherung die regional untergliederten Landesversicherungsanstalten (LVA), von denen es im Augenblick 23 gibt. Die Bundesversicherungsanstalt für Angestellte (BfA) in Berlin versichert Angestellte bundesweit; der Träger der Knappschaftlichen Rentenversicherung ist die Bundesknappschaft in Bochum.[1] All diese Trägerorganisationen sind für die Durchführung der gesetzlichen Bestimmungen zur Rentenversicherung in Deutschland zuständig.

Die *gesetzliche Rentenversicherung* versichert die meisten Arbeitnehmer als Pflichtversicherte ("Versicherung kraft Gesetzes" nach 1-6 Sozialgesetzbuch (SGB) VI. Buch) und eine Reihe von Personen als freiwillig Versicherte (zum Beispiel Selbständige, nach §7 SGB VI). Nicht versicherungspflichtig sind insbesondere solche Arbeitnehmer, deren Einkommen nur geringfügig ist. Diese Grenze betrug 1995 580 DM in den alten und 470 DM in den neuen Bundesländern.[2] Im Gegensatz zur gesetzlichen Krankenversicherung gibt es bei der Rentenversicherung keine Höchstgrenze, bei deren Überschreiten eine Befreiung von der Versicherungspflicht erfolgt. Allerdings werden die Beiträge nur aus dem Verdienst bis zur Beitragsbemessungsgrenze

[1]Daneben gibt es in Deutschland weitere kleinere Organisationen die als Träger der gesetzlichen Rentenversicherung fungieren: Die Seekasse und die Bundesbahn-Versicherungsanstalt sind für Arbeiter der entsprechenden Betriebe zuständig. Die Landwirtschaftlichen Alterskassen sind Träger der sogenannten Altershilfe für Landwirte.

[2]Alle Angaben beziehen sich im folgenden in der Regel auf das Jahr 1995, das Jahr, aus dem der in Kapitel 6 verwendete Datensatz stammt.

(7800 DM/6400 DM monatlich) berechnet. Für den Betrag des Einkommens, der darüber hinausgeht, sind keine Beiträge zu entrichten. Der Beitragssatz zur gesetzlichen Rentenversicherung betrug im April 1995 18,6 %, von dem die Hälfte als "Arbeitgeberbeitrag" und die andere Hälfte als "Arbeitnehmerbeitrag" erhoben wird.[3]

Die gesetzliche Rentenversicherung kennt drei Rentenarten: "Renten werden geleistet wegen Alters, wegen verminderter Erwerbsfähigkeit oder wegen Todes." (§33 SBG VI Abs. 1) Wenn man die *Erwerbsunfähigkeitsrente* in die Berechnungen dieser Arbeit einbeziehen wollte, wären detaillierte Angaben über den Zusammenhang zwischen verminderter Erwerbsfähigkeit und verschiedenen Krankheiten, sowie deren Verursachung durch Rauchen notwendig. Solche Daten sind aber in Deutschland, sofern sie überhaupt vorliegen, nicht zugänglich.

Die *Rente wegen Todes* soll den Hinterbliebenen Ersatz für den ausgefallenen Unterhalt bieten. Sie wird als Witwen- oder Witwerrente, als Waisenrente und als Erziehungsrente geleistet. Letztere ersetzt in der Regel den Unterhalt durch einen geschiedenen Vater für die alleinerziehende Mutter. Die gesetzliche Rentenversicherung kennt die kleine und die große Witwenrente[4], die 25 % bzw. 60 % der Erwerbsunfähigkeitsrente des Verstorbenen betragen. Voraussetzung für eine Witwenrente ist in beiden Fällen die Erfüllung der sogenannten allgemeinen Wartezeit von fünf Jahren durch den Versicherten. Außerdem darf die Witwe nicht wiederverheiratet sein. Ein Anspruch auf eine große Witwenrente wird dabei durch *eine* der folgenden Situationen begründet: Die Witwe muß älter als 45 Jahre sein, ein eigenes Kind oder ein Kind des Verstorbenen erziehen oder selbst berufs- oder erwerbsunfähig sein (§46 SGBVI). Die Halbwaisenrente beträgt 10 % der Erwerbsunfähigkeitsrente des verstorbenen Elternteils, die Vollwaisenrente entsprechend 20 % der Summe der Renten der beiden Elternteile. Sie wird

---

[3]Der Beitragssatz ist inzwischen höher: Er wurde zum 1. April 1999 von seinem Rekordstand von 20,3 % auf 19,5 % gesenkt.

[4]Im folgenden steht das Wort "Witwenrente" als Abkürzung für "Witwen- und Witwerrente", da diese Form die Regel und sprachlich einfacher ist.

generell bis zum 18. Lebensjahr bezahlt, danach nur noch, wenn das Kind noch in Ausbildung ist, längstens bis zum 27. Lebensjahr.

Der Hauptteil der Zahlungen der gesetzlichen Rentenversicherung wird als *Rente wegen Alters* (und dabei als Regelaltersrente) geleistet. Sie wird Männern ab dem 65. und Frauen bereits ab dem 60. Lebensjahr[5] gewährt. Für sogenannte "langjährig versicherte" Männer ist ein Renteneintritt bereits mit 63 Jahren möglich. Für Berufs- und Erwerbsunfähige, für Schwerbehinderte, für Arbeitslose, für Personen in Altersteilzeit sowie für Bergleute ist der Beginn der Altersrente mit 60 Jahren vorgesehen.

Zusätzlich zu den Altersgrenzen sind bei allen Rentenarten sogenannte Wartezeiten zu erfüllen. Darunter versteht man eine Art Mindestversicherungsdauer, ehe es zu einem Leistungsbezug kommen kann. Diese Mindestversicherungsdauer besteht hauptsächlich aus Beitragszeiten. Es können aber auch Kindererziehungs- und Pflegezeiten angerechnet werden, ebenso wie – je nach Rentenart – auch die schulische Ausbildung oder Zeiten der Arbeitslosigkeit.

Im Falle einer Ehescheidung findet in der Bundesrepublik ein sogenannter Versorgungsausgleich statt. Dessen Ziel ist es, das in der gemeinsamen Ehe in der Form von Rentenanwartschaften erwirtschaftete "Versorgungsvermögen" auf die beiden (ehemaligen) Ehepartner gleich aufzuteilen. Berücksichtigt wird dabei unter anderem auch die Dauer der Ehe. Details dazu finden sich zum Beispiel bei Bergner (1990). §§91 (SGBVI) regelt diesen Fall wie folgt: "Besteht für denselben Zeitraum aus den Rentenanwartschaften eines Versicherten Anspruch auf Witwenrente oder Witwerrente für mehrere Berechtigte, erhält jeder Berechtigte den Teil der Witwenrente oder Witwerrente, der dem Verhältnis der Dauer der Ehe des Versicherten mit allen Berechtigten entspricht."

Das Zusammentreffen mehrerer verschiedener Rentenansprüche und Einkommen ist in den §§89 bis 98 geregelt. Bei einem Anspruch auf

[5] Eine schrittweise Anhebung auf 65 Jahre ab dem Jahre 2004 ist geplant.

mehrere Renten wird in der Regel nur die höchste geleistet. Zur Regelaltersrente darf unbegrenzt hinzuverdient werden. Das gilt nicht für Witwen- und Waisenrenten. Dort werden weitere Einkommen[6], die einen festgelegten Freibetrag überschreiten, zu 40 % angerechnet, was im Extremfall zum Wegfall der Rentenzahlung, aber nicht des weiteren Anspruchs (bei sinkendem Einkommen) führen kann. Angerechnet auf die Witwenrente wird nicht nur das Erwerbseinkommen, sondern auch das sogenannte Erwerbsersatzeinkommen, insbesondere auch eine eigene Altersrente.

Für die knappschaftliche Rentenversicherung gelten im wesentlichen die gleichen Bestimmungen. Für einige Rentenarten gelten jedoch höhere Sätze: Renten wegen Alters sind bei Bergleuten um den Faktor 1,33 höher als die übliche Regelaltersrente, wie sie im nächsten Kapitel berechnet wird. Witwenrenten betragen statt 25 % und 60 % der Regelaltersrente bei knappschaftlicher Rentenversicherung 33 % bzw. 80 % als kleine bzw. große Witwenrente (§82 SGBVI). Hinzu können zum Beispiel noch erhöhte Entgeltpunkte für ständige Arbeiten unter Tage kommen (§85 SGBVI).

Die Bestimmungen des Rentenrechtes sind zu umfangreich, als daß sie in diesem Kapitel umfassend erläutert werden könnten. Viele Ausnahmen und Sonderregelungen kennzeichnen das Regelwerk. Die Rentenberechungen in Kapitel 6 beziehen sich aufgrund der Komplexität der übrigen Rentenarten nur auf die Regelaltersrente und die Witwenrente.

[6]Angerechnet wird das Nettoeinkommen, das als 35 % des Bruttoeinkommens definiert wird. Der Freibetrag, der vom Gesetz auf das 26,4fache des aktuellen Rentenwertes (siehe Seite 4.2) festgelegt ist (§97 SGBVI), betrug im Frühjahr 1995 1214,40 DM in den alten und 935,88 DM in den neuen Bundesländern. Er erhöht sich für jedes waisenrentenberechtigte Kind.

4.2 Die Berechnung einer persönlichen Rente

Die Grundsätze der Rentenberechnung sind in §63 SGB VI geregelt. Wichtigster Punkt dabei ist: "Die Höhe einer Rente richtet sich vor allem nach der Höhe der während des Versicherungslebens durch Beiträge versicherten Arbeitsentgelte und Arbeitseinkommen." (Absatz 1) Aber auch Zeiten ohne Beiträge fliessen in die Berechnung mit ein, wie die folgenden Absätze kurz erläutern werden. Die sogenannte Rentenformel lautet: "Der Monatsbetrag der Rente ergibt sich, wenn 1. die unter Berücksichtigung des Zugangsfaktors ermittelten persönliche Entgeltpunkte, 2. der Rentenartfaktor und 3. der aktuelle Rentenwert mit ihrem Wert bei Rentenbeginn miteinander vervielfältigt werden." (§64 SGB VI Rentenformel für Monatsbetrag der Rente):

Monatliche Rente
= Summe der Entgeltpunkte · Rentenartfaktor · aktueller Rentenwert

Für jedes Beitragsjahr einer versicherten Person wird aus ihrem versicherten Jahreseinkommen ein *Entgeltpunkt* berechnet. Dieser Entgeltpunkt entspricht dem Anteil des versicherten Jahreseinkommens am Durchschnittseinkommen aller Versicherten desselben Jahres. Hat eine Versicherte zum Beispiel 1995 ein Jahreseinkommen von 30.000 DM erzielt und beträgt das Durchschnittseinkommen für dieses Jahr 50.000 DM, so liegt ihr Entgeltpunkt für dieses Beitragsjahr bei 0,6. Für zu berücksichtigende beitragsfreie Zeiten (also zum Beispiel Anrechnungszeiten) gelten besondere Regelungen. Sie werden mit dem durchschnittlichen Wert der Entgeltpunkte aus allen anderen Zeiten (Beitragszeiten und Versicherungslücken) angerechnet; beitragsfreie Zeiten wegen Krankheit oder Arbeitslosigkeit werden nur zum 80%igen, solche wegen Ausbildung nur zum 75%igen Durchschnittswert angerechnet. Die Summe aller gesammelten Entgeltpunkte bildet die relative Lebensarbeitsleistung der Versicherten ab. Der zu berücksichtigende *Zugangsfaktor* ist in der Regel Eins. Er vermindert sich bei vorzeitig in Anspruch genommener Rente und erhöht sich pro Jahr nicht in Anspruch genommener Rente (§77 SGB VI). Die hier geschilderte Beitragsbezogenheit der Rente trägt dem Äquivalenzprinzip in der Rentenversicherung Rechnung. Diesem entgegen stehen die verschiedenen anrechenbaren Zeiten.

Der *Rentenartfaktor* dient zur Ermittlung der Rente für unterschiedliche Rentenarten. Er ist für Renten wegen Alters, wegen Erwerbsunfähigkeit und Erziehungsrenten 100 %; sie werden als Vollrenten ausgezahlt. Für Renten wegen Berufsunfähigkeit beträgt er 67 %, für die Witwenrente 25 % beziehungsweise 60 % und für die Waisenrente 10 % beziehungsweise 20 %. (§67 SGB VI)

Der *aktuelle Rentenwert*, der dritte Faktor in der Rentenformel, ist der Wert eines persönlichen Entgeltpunktes, also eines Durchschnittsrentenbeitrages. Für jeden Entgeltpunkt bekam man im Frühjahr 1995 eine monatliche Rente von 46,00 DM in den alten und 35,45 DM in den neuen Ländern der Bundesrepublik. Daraus ergeben sich die in Tabelle 4.1 beispielhaft aufgelisteten monatlichen Durchschnittsrenten. Die Tabelle enthält insofern Durchschnittsrenten, als ein Durchschnittsrentner in fünf Jahren fünf Entgeltpunkte erarbeitet.

Da eine Aufgabe der gesetzlichen Rentenversicherung die Sicherung des Lebensstandards im Alter ist, hängt der aktuelle Rentenwert von der Entwicklung der Löhne ab, nach der er jährlich zum 1. Juli angepaßt wird (§68 SGB VI). So erklärt sich auch der unterschiedliche aktuelle Rentenwert für West- und Ostdeutschland. Die Anpassung der aktuellen Rentenwerte für West und Ost wurde mit der Rentenreform 1992 an die Entwicklung der Nettolöhne gekoppelt. Die vorherige Bruttolohnorientierung führte bei steigenden Steuern und Sozialabgaben zu einem Anstieg der Renten gegenüber den verfügbaren Einkommen von Arbeitnehmerhaushalten, da Löhne und Gehälter stärker mit diesen Abgaben belastet sind als Renteneinkommen (Michaelis 1990).

Tabelle 4.1: Durchschnittsrente nach Beitragsjahren im April 1995

Entgeltpunkte	West	Ost
5	230,00 DM	177,25 DM
10	460,00 DM	354,50 DM
15	690,00 DM	531,75 DM
20	920,00 DM	709,00 DM
25	1150,00 DM	886,25 DM
30	1380,00 DM	1063,50 DM
35	1610,00 DM	1240,75 DM
40	1840,00 DM	1418,00 DM
45	2070,00 DM	1595,25 DM
50	2300,00 DM	1772,50 DM

4.3 Aktuelle Eckwerte

Zum 31.12.1995 waren etwa 65 Millionen Personen in der gesetzlichen Rentenversicherung versichert. Von ihnen waren mehr als die Hälfte aktive Beitragszahler (35 Millionen), und ungefähr ein Drittel war Rentenbezieher (21 Millionen). Die restlichen hatten irgendwann einmal durch Beiträge Rentenansprüche erworben, waren aber zum Stichtag weder Beitragszahler noch Rentenempfänger.[7]

Aus dem Rentenbestand von 21,1 Millionen Renten sind 15,1 Millionen (70 %) als Versichertenrenten (d. h. an den Beitragszahler selbst) ausbezahlt worden. Davon entfielen 13,2 Millionen auf die Rente wegen Alters und 1,9 Millionen auf die Rente wegen verminderter Erwerbsfähigkeit. Als Renten wegen Todes wurden 5,9 Millionen, von denen 5,5 Millionen (93 %) Witwenrenten waren, gezahlt.

[7]Alle Zahlen sind den Veröffentlichungen des Verbands Deutscher Rentenversicherungsträger entnommen, von denen die meisten auch im Internet unter http://www.vdr.de abrufbar sind.

1995 waren weniger als 1 % aller ausgezahlten Witwenrenten kleine Witwenrenten. Dies gilt gleichermaßen für Angestellte und Arbeiter wie für alte und neue Bundesländer. Lediglich bei der Witwerrente der Angestellten lag der Anteil der kleinen Witwerrenten knapp über 1 %.

Von den Witwen- und Witwerrenten (im Rentenbestand zum 31.12. 1995) wurden in den alten Bundesländern 3,6 % an Männer ausgezahlt, in den neuen Bundesländern waren es 8,3 %. Dieser Anteil der Männer, der Hinterbliebenenrente bezieht, ist gering, wächst allerdings kontinuierlich. Drei Jahre später, zum Ende des Jahres 1998, waren es immerhin schon 4,7 % im Westen und 10,0 % im Osten.

Tabelle 4.2: Zahlungen für Regelaltersrenten 1997 in Milliarden DM

	West	Ost	Insgesamt
Männer	60,7	16,3	77,0
Frauen	39,6	18,8	58,4
Insgesamt	100,3	35,1	135,4

Quelle: Rentenversicherung in Zahlen 1998 und eigene Berechnungen
(Verband Deutscher Rentenversicherungsträger 1998, 65)

Tabelle 4.3: Zahlungen für die Witwenrenten 1997 in Milliarden DM

	West	Ost	Insgesamt
Männer	0,8	0,5	1,3
Frauen	52,4	11,6	64,0
Insgesamt	53,2	12,1	65,3

Quelle: Rentenversicherung in Zahlen 1998 und eigene Berechnungen
(Verband Deutscher Rentenversicherungsträger 1998, 65)

In Gesamtausgaben stellt sich die Situation folgendermaßen dar: Insgesamt gab die deutsche gesetzliche Rentenversicherung 1997 mehr als 380 Milliarden DM aus - davon 340 Milliarden für Renten. Der größte Teil davon entfiel wiederum auf die Regelaltersrente, nämlich mehr als 130 Milliarden DM. Für Witwenrenten wurden im gleichen Zeitraum über 60 Milliarden DM ausgegeben. Weitere Ausgaben entstanden durch die Berufs- und Erwerbsunfähigkeitsrenten, erweiterte Renten wegen Alters, wie zum Beispiel wegen Arbeitslosigkeit, und durch die weiteren Hinterbliebenenrenten (Waisenrenten und Erziehungsrenten). Die Tabellen 4.2 und 4.3 zeigen, wie sich die Ausgaben für Regelaltersrenten und Witwenrenten auf die beiden Teile der Bundesrepublik und Männer und Frauen verteilen. Bei der Regelaltersrente entfällt - obwohl es mehr Empfängerinnen als Empfänger gibt - der größere Teil auf die männliche Bevölkerung, was auf den höheren durchschnittlichen Rentenzahlbetrag zurückzuführen ist (im Osten gleichermaßen wie im Westen, vergleiche auch Tabelle 4.6). Bei den Witwenrenten dominieren eindeutig die Frauen: 98,5 % der Ausgaben für Witwenrenten im Westen und 96 % im Osten gehen an Frauen.

Tabelle 4.4: Entwicklung des Rentenzugangsalters

<table>
<tr><th rowspan="2">Jahr</th><th colspan="2">Männer</th><th colspan="2">Frauen</th></tr>
<tr><th>West</th><th>Ost</th><th>West</th><th>Ost</th></tr>
<tr><td>1965</td><td colspan="2">65,4</td><td colspan="2">63,9</td></tr>
<tr><td>1970</td><td colspan="2">65,2</td><td colspan="2">63,3</td></tr>
<tr><td>1975</td><td colspan="2">64,1</td><td colspan="2">63,0</td></tr>
<tr><td>1980</td><td colspan="2">62,5</td><td colspan="2">61,9</td></tr>
<tr><td>1985</td><td colspan="2">62,7</td><td colspan="2">62,9</td></tr>
<tr><td>1990</td><td colspan="2">62,8</td><td colspan="2">63,5</td></tr>
<tr><td rowspan="2">1995</td><td colspan="2">62,3</td><td colspan="2">62,5</td></tr>
<tr><td>62,6</td><td>61,8</td><td>63,3</td><td>60,4</td></tr>
</table>

Quelle: Rentenversicherung in Zahlen 1998
(Verband Deutscher Rentenversicherungsträger 1998, 65)

Das durchschnittliche Rentenzugangsalter für Männer nahm im Laufe der Jahre kontinuierlich ab und hatte im Jahre 1995 einen Stand von 62,3 erreicht (vergleiche Tabelle 4.4). Bei den Frauen war die Entwicklung anders: Während bis Ende der 70er das Rentenzugangsalter abnahm, stieg es bis Mitte der 90er wieder an. Es lag 1995 mit 62,5 knapp über dem der Männer. In der Regel sind solche Änderungen des Rentenzugangsalters die Folge von Gesetzesänderungen. So ist auch die deutlichste Änderung zwischen 1975 und 1980 hauptsächlich die Konsequenz aus einer Anhebung der Altersgrenze (für den Eintritt in die Altersrente) für Schwerbehinderte von 60 auf 62 Jahre. Die deutlichen Unterschiede bei Frauen in den westlichen und östlichen Bundesländern sind zum Teil Folge der unterschiedlichen Erwerbsquote bei Frauen und der Übergangsbestimmungen für die neuen Bundesländer, die einen gewissen Bestandsschutz für ältere Frauen gewähren. (In der DDR war der Renteneintritt für Frauen mit 60 Jahren üblich.)

Tabelle 4.5: Durchschnittlich angerechnete Zeiten für die Regelaltersrente und Erwerbsunfähigkeitsrente zum 31.12.1995*

	alte Länder		neue Länder	
	Männer	Frauen	Männer	Frauen
Arbeiter	39,02	22,94	46,61	32,77
Angestellte	39,83	28,08	46,49	33,20

Quelle: VdR Statistik: Rentenbestand am 31.12.1995, Beiblatt

*Die Zahlen werden in der Regel vom VdR für Regelaltersrente und Erwerbsunfähigkeitsrente zusammen veröffentlicht. Für die Zwecke der vorliegenden Arbeit werden Zahlen für die Regelaltersrente benötigt. Wenn stattdessen die Werte aus Tabelle 4.5 verwendet werden, führt dies bei den Rentenschätzungen zu niedrigeren Renten. Für die Elimination von Rauchen als Todesursache spielt das kaum eine Rolle. Gleiches gilt für die folgende Tabelle.

Der Rentenbestand der gesetzlichen Rentenversicherung läßt sich durch die Kennziffern, die in den Tabellen 4.5 und 4.6 für den 31.12. 1995 dargestellt sind, charakterisieren. In den neuen Bundesländern ist die durchschnittliche Zahl der Beitragsjahre höher als in den alten Bundesländern. Dies gilt besonders für Frauen, wo der Unterschied zwischen den Ost- und Westdeutschland fast zehn Jahre beträgt. Die Unterschiede zwischen Arbeitern und Angestellten betragen bis auf eine Ausnahme weniger als ein Jahr. Diese Ausnahme bilden die Frauen in den alten Bundesländern. Arbeiterinnen, die in Rente gehen, haben im Durchschnitt nur eine Zahl von 23 angerechneten Jahren. Im Gegensatz dazu kommen die Angestellten auf 28 Jahre. Nimmt man diese Zahlen als Grundlage für die Rentenschätzungen in Kapitel 6, so ist das Hauptproblem der starke Unterschied zwischen Ost und West, der für die Zukunft als gegeben angenommen wird. Hinzu kommt ein allgemeiner Rückgang der angerechneten Zeiten in den letzten Jahren.

Tabelle 4.6: Durchschnittliche Rentenzahlbeträge für die Regelaltersrente und Erwerbsunfähigkeitsrente zum 31.12.1995

	alte Länder		neue Länder	
	Männer	Frauen	Männer	Frauen
Arbeiter	1.699	649	1.590	1.043
Angestellte	2.161	1.032	1.881	1.134

Quelle: VdR Statistik: Rentenbestand am 31.12.1995, Beiblatt

Bedingt vor allem durch unterschiedliche Lohnniveaus sind die gezahlten Renten – trotz der niedrigeren Anzahl an Beitragsjahren – im Schnitt im Westen der Republik höher als im Osten. Generell ist das Rentenniveau wegen geringerer anzurechnender Zeiten und des insgesamt niedrigeren Lohnniveaus bei Frauen niedriger als bei Männern. Aber auch hier zeigt sich erneut, daß die Geschlechterschere im Osten nicht so weit auseinanderklafft wie im Westen. Während Männer im Westen mehr als das Doppelte an Renteneinkommen erzielen, liegt die Zahl im Osten zwar immer noch bei 165 %, aber deutlich unter der im Westen der Republik. Die Unterschiede zwischen alten und neuen Bundesländern sind in den noch unterschiedlichen Lohnniveaus und zum Teil in den verschiedenen Systemen der Vergangenheit begründet. Langfristig ist mit einer Angleichung der Lebensverhältnisse zu rechnen. Wie lange das dauern wird, läßt sich kaum prognostizieren.

Die höheren Rentenzahlbeträge an Angestellte spiegeln das höhere Lohnniveau dieser Gruppe wider, da – außer bei den Arbeiterinnen in den westlichen Bundesländern – die Beitragsjahre kaum unterschiedlich sind. Dabei fallen die Differenzen im Westen abermals höher aus als im Osten: ein Unterschied, der ebenfalls den verschiedenen Systemen der Vergangenheit anzulasten ist.

"Es ist bekannt, daß eine Stichprobe immer fast oder ganz genau dieselbe Zusammensetzung hat wie die Masse, der sie entnommen wurde. Dabei wird vorausgesetzt, die Masse sei gut gemischt."

aus: Möglichkeiten der Markt- und Meinungsforschung in Deutschland (Wickert-Institute)

Kapitel 5

Der Datensatz

5.1 Erhebungen zum Tabakkonsum

Neben dem bereits in Kapitel 3.3 erwähnten und im folgenden Kapitel noch näher zu beschreibenden Mikrozensus des Statistischen Bundesamtes gibt es in Deutschland noch weitere Datensätze, die die Rauchgewohnheiten der Bevölkerung erfassen und damit generell für das vorliegende Vorhaben geeignet sind.

Das Institut für Therapieforschung in München führt im Auftrag des Bundesgesundheitsministeriums die *Repräsentativerhebung zum Gebrauch psychoaktiver Substanzen bei Erwachsenen in Deutschland* durch. Im Rahmen der letzten Befragung 1995 (Herbst, Kraus, und Scherer 1996) wurde der Konsum von illegalen Drogen, Alkohol, Medikamenten und Tabak bei 12.052 Personen (Bruttostichprobe) erhoben. In jedem repräsentativ ausgewählten Haushalt wird eine einzige Person mittels eines Selbstausfüllerbogens befragt. Die Teilnahme an der Umfrage ist freiwillig. Dennoch kommt es mit 65% zu einer für freiwillige Erhebungen beachtlich hohen Rücklaufquote. Die Befragung erfaßt lediglich Personen zwischen 18 und 59 Jahren, was für den Zweck der Rentenschätzung ausreichend ist. Immerhin erfaßt die "Repräsentativerhebung 1995" ca. 68,6% des gesamten Zigarettenverbrauchs in der Bundesrepublik Deutschland, gemessen an heimischer Produktion (korrigiert um Export und Import)(Warschburger und Lohre 1999). Unbrauchbar für Sekundärauswertungen ist die Repräsentativerhebung aber wegen des Mangels an wichtigen sozio-ökonomischen Merkmalen, da sie neben den Rauchgewohnheiten und dem Konsum anderer Drogen lediglich Alter und Geschlecht erfaßt. Damit fehlt der wichtigste Baustein für die Rentenberechnung: das Einkommen.

Ähnliche Einschränkungen gelten für die *Drogenaffinitätsstudie Jugendlicher* (Bundeszentrale für Gesundheitliche Aufklärung 1994), die vom Münchner Institut für Jugendforschung im Auftrag der Bundeszentrale für gesundheitliche Aufklärung zuletzt 1993/94 durchgeführt wurde. Sie fragt wie die Repräsentativerhebung nach dem Gebrauch von legalen und illegalen Drogen. Ihre Zielgruppe sind Jugendliche im Alter von zwölf bis 25 Jahren; als einzige soziale Merkmale werden Alter und Geschlecht erfaßt. Im Gegensatz zu anderen Erhebungen fragt die Drogenaffinitätsstudie auch nach Einstellungvariablen wie "Gründe fürs Rauchen/Nichtrauchen" oder die "Wahrnehmung von Warnhinweisen" (Bundeszentrale für Gesundheitliche Aufklärung 1994, 27ff). Vor allem aufgrund der Altersbeschränkung kann diese Erhebung nicht als Grundlage der folgenden Schätzungen dienen.

Das *Nationale Gesundheitssurvey* wurde 1990/91 zum dritten Mal in Westdeutschland durchgeführt und 1991/92 durch eine Studie in den neuen Ländern ergänzt. Das Bundesministerium für Forschung und Technologie (Weststudie) und das Bundesministerium für Gesundheit (Oststudie) finanzieren die vom Robert Koch-Institut[1] in Berlin verwaltete Studie. Die Studie umfaßt eine Befragung zu vielen gesundheitsrelevanten Verhaltensweisen und Einstellungen, wie zum Beispiel Ernährung, sportliche Betätigung und auch Rauchgewohnheiten. Sie stellt weiterhin Fragen zur Krankengeschichte und erhebt mittels einer medizinischen Untersuchung weitere Gesundheitsindikatoren wie Blutdruck und Cholesterinwerte. Da die Erhebung auch al-

[1] Dort ist sie auch als Public Use File erhältlich.

le üblichen sozio-ökonomischen Merkmale erfaßt, ist sie geeignet für das Vorhaben der vorliegenden Arbeit. Im Vergleich zum tatsächlich benutzten und im folgenden Kapitel noch näher zu beschreibenden Mikrozensus weist das Nationale Gesundheitssurvey mehrere Defizite auf. Es verfügt zum einen über eine geringere Stichprobengröße von netto 5.255 (West) beziehungsweise 2.211 (Ost) Personen. Eine Ausschöpfungsquote von 70 % ist für eine freiwillige Studie zwar hoch, kann jedoch mit dem Mikrozensus (90 %, freiwilliger Teil einer Pflichterhebung) nicht konkurrieren. Daher besteht beim Gesundheitssurvey mehr Spielraum für Verzerrungen durch Ausfälle. Weiterhin ist der befragte Personenkreis auf das Alter 25 bis 69 eingeschränkt. Zur Schätzung von Renten ist ferner das persönliche Einkommen das wichtigste Merkmal. Das Gesundheitssurvey erhebt aber nur das Haushaltsnettoeinkommen. Da nicht alle Personen eines Haushaltes befragt werden, ist eine Rekonstruktion des persönlichen Einkommens ausgeschlossen. Desweiteren erhebt das Gesundheitssurvey keine Angaben zur Art der Rentenversicherung.

Der Mikrozensus des Statistischen Bundesamtes bietet erhebliche Vorteile gegenüber den oben vorgestellten Erhebungen, da er eine Vielzahl von für die vorgesehene Schätzung relevanten Variablen wie persönliches Einkommen und Art der Rentenversicherung mittels einer großen Stichprobe erhebt, die alle Alterklassen umfaßt. Das folgende Kapitel 5.2 dient daher dazu, den Mikrozensus näher vorzustellen und seine Vor- und Nachteile und deren Auswirkungen auf die folgenden Schätzungen darzustellen. In Kapitel 5.3 werden die in dieser Arbeit benutzten Variablen und ihre Konstruktion beschrieben.

5.2 Der Mikrozensus: Allgemeines

Der Mikrozensus wird seit 1957 jährlich unter der Federführung des Statistischen Bundesamtes durch die Statistischen Landesämter erhoben. Die Stichprobe umfaßt 1 % der Haushalte der Bundesrepublik und wird mittels verschiedener Schichtungen bei der Stichprobenauswahl repräsentativ.[2] Insgesamt werden so jährlich ca. 350.000 Haushalte mit etwa 750.000 Personen erfaßt. Der Schwerpunkt dieser Mehrzweckstichprobe liegt dabei eindeutig auf den Fragen zum Arbeitsmarkt sowie auf den Fragen zur Bevölkerungsstruktur. Die Fragen beziehen sich unter anderem auf die Art der Erwerbstätigkeit, die Art der Rentenversicherung und den Familienstand. Die herausragende Eigenschaft des Mikrozensus ist neben seiner enormen Stichprobengröße die Auskunftspflicht, der die Befragten vom Gesetzgeber unterworfen werden. Sie war Mitte der 80er Jahre auf dem Prüfstand und Untersuchungsgegenstand des Wissenschaftlichen Beirates für Mikrozensus und Volkszählung (Esser et al. 1989). Während in Folge dieser Kontroverse die Auskunftspflicht für einzelne Fragen gelockert wurde, existierten schon vorher sogenannte Zusatzprogramme, bei denen schon immer auf die Auskunftspflicht verzichtet wurde. Da diese Ergänzungsbefragungen aber weiterhin gemeinsam mit dem Pflichtfragen erhoben werden, erreichen sie – trotz Freiwilligkeit – in der Regel eine hohe Antwortquote. Zu diesen Zusatzerhebungen gehören die "Fragen zur Gesundheit". Sie wurden 1978, 1986, 1992 und 1995 erhoben. Darin wird nach den Rauchgewohnheiten, nach der Benutzung von Jodsalz und nach Erkrankungen und Unfällen in den letzten vier Wochen gefragt. Bei den Zusatzbefragungen beträgt der Auswahlsatz – im Gegensatz zum Pflichtprogramm – lediglich 0,5 % der Haushalte. In der Regel wird die Erhebung als persönliche Befragung durchgeführt. Auf Wunsch kann der Haushalt aber auch einen speziell konzipierten Bogen erhalten, den er selbst ausfüllt und an das zuständige Statistische Landesamt zurückschickt. Weiterhin ist es möglich, daß eine einzige im Haushalt angetroffene Person für alle Haushaltsmitglieder antwortet (Proxi-Interview). Berichtswoche des Mikrozensus 1995 ist die Woche vom 24. bis 30. April 1995.

---

[2]Einen guten Überblick bietet der Aufsatz von Dieter Emmerling und Thomas Riede (1997) , dem auch die meisten allgemeinen Informationen dieses Kapitels entnommen sind.

Der Mikrozensus unterliegt strengen Datenschutzbestimmungen, die unter anderem aus der den Befragten auferlegten Antwortpflicht resultieren. Daher war der Datensatz lange Zeit für die Wissenschaft nicht zugänglich. Dies änderte sich in den letzten Jahren, als durch eine Vereinbarung des Bundesamtes für Statistik in Wiesbaden und des Bundesministeriums für Bildung, Wissenschaft, Forschung und Technologie ein Pilotprojekt "Verbesserter Zugang zum Mikrozensus 1995" ins Leben gerufen wurde. Der Mikrozensus 95 kann seither von interessierten Wissenschaftlern in Form einer faktisch anonymisierten Datei beim Statistischen Bundesamt erworben werden.[3] Faktisch anonymisiert bedeutet, daß nochmals eine 0,7 % Unterstichprobe gezogen wird und daß die Daten nicht regionalisiert zur Verfügung stehen.

5.3 Die Variablen des Mikrozensus

Grundlage aller Berechnungen in den folgenden Kapiteln ist der Datensatz, der dem Institut für Wirtschafts- und Sozialstatistik an der Universität Dortmund[4] im Februar 1998 vom Statistischen Bundesamt geliefert wurde. Er umfaßt 512.509 Datensätze von einzelnen Personen, von denen 257.470 (50,2 %) auch nach ihren Rauchgewohnheiten befragt wurden. Betrachtet wird im folgenden nur die Gruppe der über 15jährigen, zum einen da Jugendliche unter 15 nicht zu den Erwerbspersonen zählen und zum anderen weil die Erfassung der Rauchgewohnheiten bei jüngeren Personen zu unzuverlässig ist. Die Bildung einiger Untergruppen ist in Abbildung 5.1 dargestellt.

Vom verbleibenden Personenkreis verweigerten 8 % die Beantwortung der Eingangsfrage "Sind Sie gegenwärtig Raucher?".[5] Hinzu kom-

[3]Methodische Beratung bietet das Zentrum für Umfragen, Methoden und Analysen (ZUMA) in Mannheim.

[4]Ich danke dem Graduiertenkolleg "Allokationstheorie, Wirtschaftspolitik und kollektive Entscheidungen" für die Beschaffung des Datensatzes.

[5]Laut Statistischem Bundesamt verweigerten in der Vollauswertung des Mikrozensus 9% der Befragten die Beantwortung des Gesundheitsbogens (Hein 1996, 624).

Abbildung 5.1: Einige verwendete Untergruppen des Mikrozensus

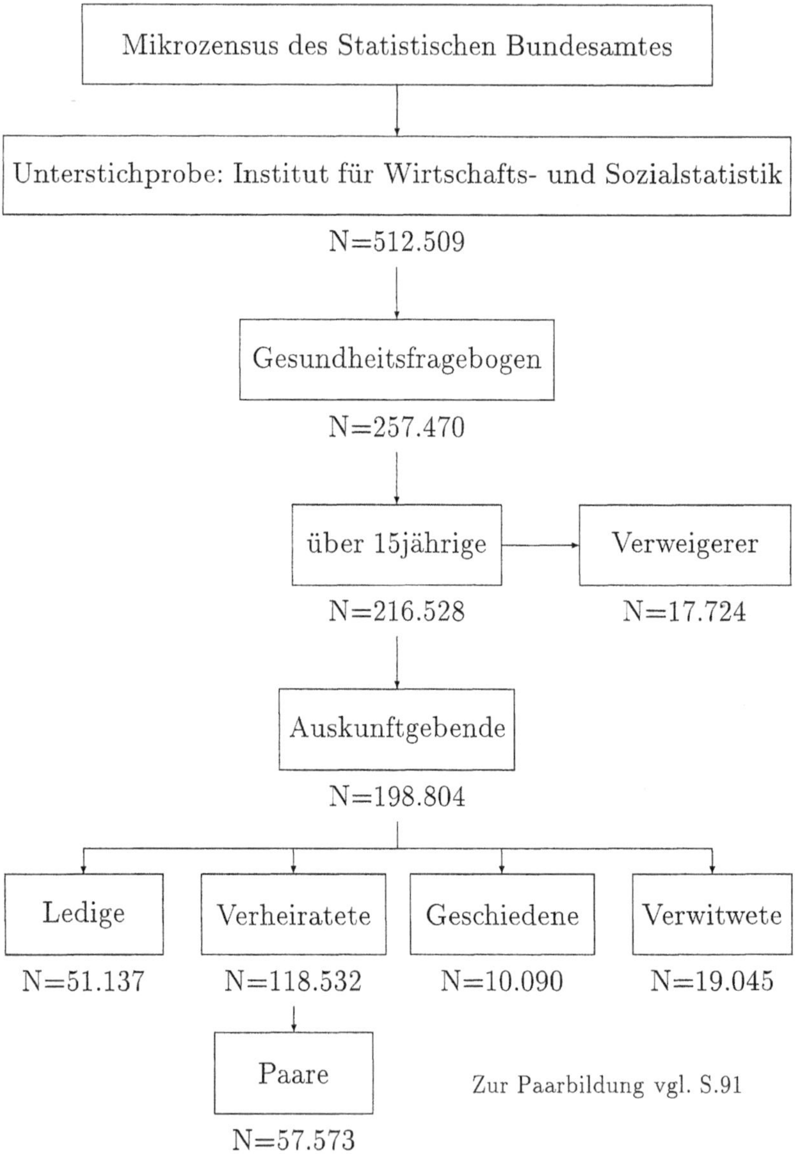

men noch einige Verweigerungen bei Einzelfragen, wie der nach der Zahl der täglich gerauchten Zigaretten, die hier aber vorerst nicht berücksichtigt werden. Insgesamt bleiben *198.804 Datensätze* zur Analyse. Bei den späteren Berechnungen wird um den Anteil an Verweigerern von 8 % korrigiert. Dabei wird unterstellt, daß diese im Schnitt die gleichen Rauchgewohnheiten haben wie die antwortenden Personen, eine nicht unbedingt realistische Annahme, so daß systematische Verzerrungen nicht ausgeschlossen sind. Vergleicht man die beiden Gruppen, *Antwortende* und *Verweigerer* hinsichtlich einiger sozio-ökonomischer Variablen, findet man jedoch keine wesentlichen Unterschiede: Die Gruppe der Verweigerer ist im Durchschnitt 1,3 Jahre jünger, wobei v. a. der Altersbereich zwischen 50 und 75 geringer vertreten ist. In beiden Gruppen befinden sich mehr Frauen als Männer, Ledige sind bei den Verweigerern stärker vertreten. Wichtig ist aber, daß es bei den Einkommensangaben (Struktur und Durchschnitt) faktisch keine Unterschiede gibt. Die Anzahl der Antwortverweigerungen der Einkommensfrage ist bei den Verweigerern des Gesundheitsfragebogens größer.

Sozio-ökonomische Merkmale

Betrachtet man wieder die gesamte Stichprobe, so zeigt sich, daß die Auswertungsergebnisse der vorliegenden Unterstichprobe des Institutes für Wirtschafts- und Sozialstatistik bei keinem erhobenen *sozio-ökonomischen Merkmal* wesentlich von den Ergebnissen, die bei der Vollauswertung durch das Statistische Bundesamt erzielt wurden[6], abweicht.[7]

Auch entspricht die gemessene Einkommensverteilung etwa der anderer Erhebungen, zum Beispiel der des Nationalen Gesundheitssurveys Ost-West[8]. Letzteres bedeutet selbstverständlich nicht, daß damit

[6]Die Ergebnisse der Gesundheitsbefragung des Mikrozensus sind in tabellarischer Form in der Fachserie 12 Reihe S. 3 veröffentlicht (Statistisches Bundesamt 1995b) und qualitativ ausgewertet bei Hein(1996) zu finden.

[7]Tabelle 5.6 auf Seite 100 am Ende des Kapitels bietet einen Überblick über die in diesem Kapitel vorgestellten Variablen.

[8]Die Einkommensverteilungen wurden anhand der Originaldaten des Gesund-

Abbildung 5.2: Histogramm der Nettoeinkommensverteilung

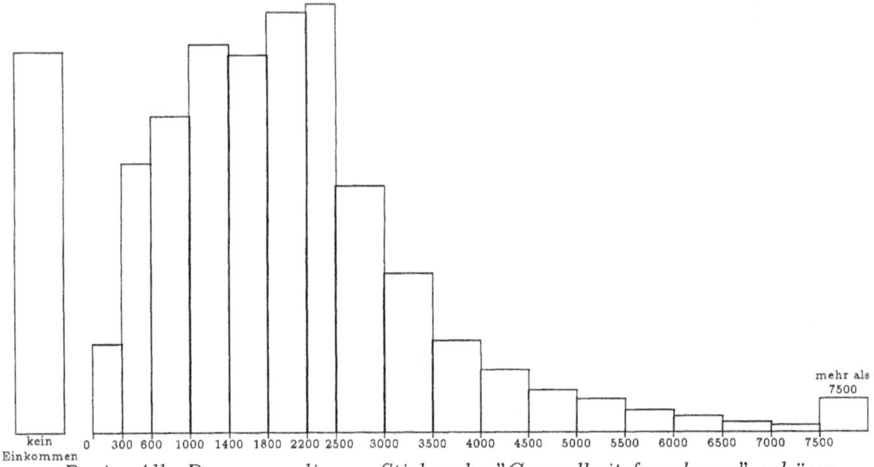

Basis: Alle Personen, die zur Stichprobe "Gesundheitsfragebogen" gehören.

die wahre Verteilung abgebildet wird, sondern kann lediglich als Indiz dafür dienen, daß sich die Verzerrungen im üblichen Rahmen bewegen. Aus den klassierten Daten des Mikrozensus ergibt sich unter Annahme der Gleichverteilung innerhalb der Klassen ein durchschnittliches Einkommen aller Einkommensbezieher von monatlich 1.872 DM. Die Kategorie "ohne Einkommen" wurde dabei nicht berücksichtigt. Sie ist aber die größte Einzelkategorie. Grund dafür ist, daß es sich bei der Variable um das persönliche Einkommen, nicht um das Haushaltseinkommen handelt. Keine Angaben zu ihrem Nettoeinkommen machen nur 4,2 %, die sich in Alters- und Geschlechtsstruktur nicht vom Rest unterscheiden. Dieser Ausfall wird beim Hochrechnen auf die Gesamtbevölkerung ebenso korrigiert wie der Ausfall bei den Fragen zu den Rauchgewohnheiten.

heitssurveys Ost-West (Public Use File OW91), die dem Institut für Wirtschafts- und Sozialstatistik vorliegen, verglichen.

Mit etwas mehr als 52 % der Befragten sind Frauen ebenso leicht überrepräsentiert wie Personen aus den alten Bundesländern (einschl. Berlin). Bei den allgemeinbildenden Schulabschlüssen dominiert mit 50 % die Haupt- und Volksschule, gefolgt von Realschule (17,7 %) und Abitur (13,4 %). Knapp 95 % der Befragten sind Deutsche.

Rauchgewohnheiten

Der Fragenkomplex *"Rauchgewohnheiten"* beginnt mit der Frage "Sind Sie gegenwärtig Raucher?" Diese Frage diente zu Beginn des Kapitels bereits zur Filterung, so daß im hier verwendeten Datensatz keine Antwortverweigerungen mehr vorzufinden sind.

Tabelle 5.1: Sind Sie gegenwärtig Raucher?

Antwort	alle		Männer	Frauen
	Häufigkeit	Prozent	Prozent	Prozent
ja, regelmäßig	47.692	24 %	30,9 %	17,7 %
ja, gelegentlich	8.039	4 %	4,4 %	3,7 %
nein	143.073	72 %	64,7 %	78,5 %

Basis: Alle Personen, die zur Untergruppe "Auskunftgebende über 15jährige" gehören.

Es zeigt sich, daß mehr Männer als Frauen rauchen, die gelegentlichen Raucher sind bei beiden Geschlechtern die Ausnahme. Weiterhin wird nach früheren Rauchgewohnheiten, nach dem Alter bei Beginn des Rauchens und danach, welche Art Tabak überwiegend konsumiert wird, gefragt. Dabei ist als wichtiges Ergebnis festzuhalten, daß über 96 % aller Raucher Zigaretten rauchen. Sie geben zusätzlich an, wie hoch ihr täglicher Konsum ist. Die Antworten werden in den Klassen (0-4/5-20/21-40/41-) erfaßt. Die Ergebnisse sind in Tabelle 5.2 und Abbildung 5.4 dargestellt. Auch sie entsprechen den Ergebnissen der Vollauswertung.

Abbildung 5.3: Sind Sie gegenwärtig Raucher?

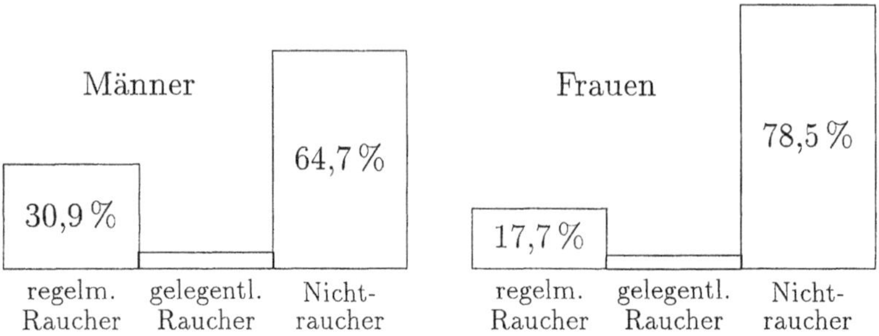

Basis: Alle Personen, die zur Untergruppe "Auskunftgebende über 15jährige" gehören.

Für die Rauchgewohnheiten gilt insgesamt: Der Mikrozensus erfaßt nur ca. 60 % des Gesamtkonsums von Zigaretten in Deutschland. Eine Hochrechnung des durch den Mikrozensus erfaßten Konsums ergibt einen Jahresverbrauch von 89 Milliarden Zigaretten. Demgegenüber weist aber die amtliche Verbrauchsstatistik 165 Milliarden aus (Warschburger und Lohre 1999). Dies führt dazu, daß alle Schätzungen in Kapitel 6 unter diesem Aspekt konservativ sind, also die Mehrausgaben durch Nichtrauchen unterschätzen. Die stärksten Unterschätzungen findet man allerdings für Jugendliche bis 25 Jahre (Warschburger und Lohre 1999, 127f), deren künftige Renten - aufgrund ihrer noch geringen Erwerbsbeteiligung - die Berechnungen kaum beeinflussen. Leu und Schaub (1983) justieren für ihre Berechnungen zu Rauchen und Mortalität in der Schweiz die Rauchgewohnheiten unter Beibehaltung der Konsumstruktur auf das Gesamtverbrauchsniveau der Schweiz, von dem nur 60 % per Umfrage erfaßt werden. In Kapitel 3 wurde der Einfluß der Rauchgewohnheiten auf die Mortalität in Deutschland bereits unter Verwendung der Rauchgewohnheiten, wie sie der Mikrozensus erhebt, geschätzt. Dort wäre eine Anpassung der Rauchgewohnheiten, wie sie Leu und Schaub vornehmen, möglich gewesen,

Tabelle 5.2: Wieviele Zigaretten rauchen Sie täglich?

Antwort	Männer		Frauen	
	Häufigkeit	Prozent	Häufigkeit	Prozent
unter 5	1343	4,9 %	1593	8,8 %
5 bis 20	20372	73,8 %	14308	79,2 %
20 bis 40	5309	19,2 %	2037	11,2 %
41 und mehr	456	1,7 %	123	0,7 %
ohne Angabe	123	0,4 %	74	0,4 %

Basis: Alle Personen, die angeben, regelmäßige Zigarettenraucher zu sein.

Abbildung 5.4: Wieviele Zigaretten rauchen Sie täglich?

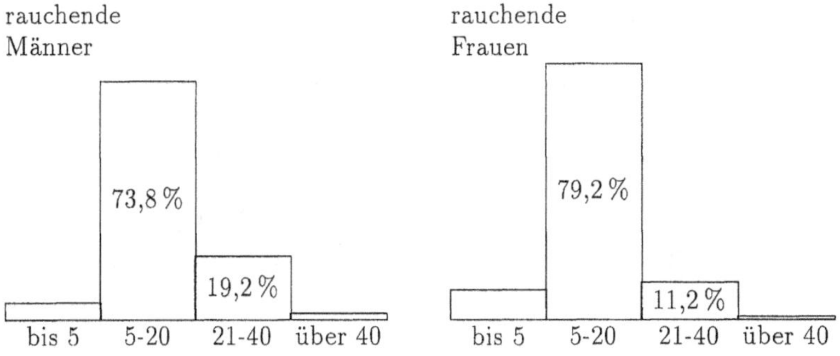

weil die Raucheranteile in der Bevölkerung (Anhang D) selbst Eingang finden. Trotz der damit offensichtlich verbundenen Unterschätzungen waren die resultierenden Unterschiede in der Lebenserwartung hoch. In diesem Kapitel ist es aufgrund der Verwendung von Individualdaten nicht möglich, die Rauchgewohnheiten dem Gesamtniveau sinnvoll anzupassen. Um nicht mit zwei verschiedenen "Rauchgewohnheiten" zu arbeiten, werden in allen Kapiteln (also auch in Kapitel 3) die Rauchgewohnheiten, wie sie der Mikrozensus erhebt, verwendet, mit dem Hinweis auf eine deutliche Untererhebung.

Mit den Daten des Mikrozensus 1995 weist Helmert (1999) nach, daß die Merkmale Rauchen und Nettohaushaltseinkommen stark korreliert sind. Je höher das Einkommen, desto niedriger ist die Raucherprävalenz. Das gilt für Männer und Frauen gleichermaßen und für fast alle Altersgruppen. Einzige Ausnahme hierbei bilden die über 65jährigen – Männer wie Frauen –, bei denen dieser Zusammenhang nicht feststellbar ist. So sind unter den 30-49jährigen Männern in der Einkommensklasse unter 1400 DM 57 % Raucher zu finden, während es in der Einkommensklasse 5000 DM bis 6500 DM nur noch 31 % sind. Einen ähnlichen Einfluß hat die Variable "überwiegender Lebensunterhalt": Unter den Erwerbstätigen ist die Raucherrate bedeutend geringer als unter den Empfängern staatlicher Transfers wie Sozialhilfe oder Arbeitslosenunterstützung.

Der Familienstand als Basis für die Witwenrente

Abbildung 5.5 stellt die Verteilung des Familienstandes dar. Sie entspricht der in Abbildung 5.1 beschriebenen Bildung von Untergruppen nach Familienstand. 26 % der Personen sind ledig, fast 60 % verheiratet, während die restlichen 15 % verwitwet oder geschieden sind. Interessant ist aber weniger die jetzige Verteilung des Familienstandes, sondern für die unterschiedlichen Rentenarten (Alters- und Witwenrente) ist vielmehr der Familienstand zum Todeszeitpunkt entscheidend. Abbildung 5.6 zeigt exemplarisch die Verteilung des Familienstandes bei den 60 bis 65jährigen. Würden alle Personen in diesem Alter sterben, wären demnach unter ihnen nur 6 % ledig. Im Vorgriff

Abbildung 5.5: Familienstand im gesamten Datensatz

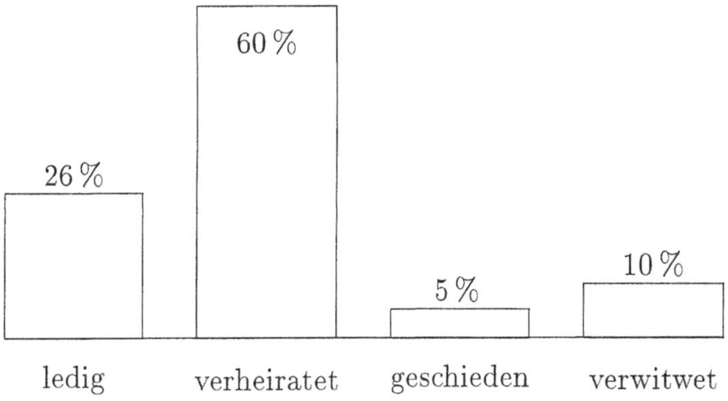

auf Kapitel 6 hieße das: bei nur 6 % aller Personen, die Anspruch auf Altersrente hätten, fiele diese im Falle ihres Todes ersatzlos weg. Bei den Personen, die verheiratet sind, tritt in der Regel die Witwenrente an die Stelle der Regelaltersrente. In Kapitel 6.1 und im Anhang F wird sich zeigen, daß dieser Anteil von 6 % an Ledigen zukünftig steigen wird, wenn man das heutige Heiratsverhalten zugrunde legt. Dort wird ein weitaus höherer Anteil für die Zukunft berechnet werden.

Die Verheirateten werden einander zugeordnet[9]. Aus den 118.532 verheirateten Personen entstehen lediglich 57.573 Paare. Zum einen liegt das daran, daß beim Ziehen der Unterstichprobe von 70 % durch das Statistische Bundesamt einzelne Partner "verlorengehen". So gibt es 27 Personen, die "Ehefrauen der Familienbezugsperson"[10] sind, deren Partner in der Stichprobe aber fehlt. Weiterhin sind 117 Personen trotz ihrer eigenen Ehe als "Kind der Familienbezugsperson"[11] notiert.

[9]Dies geschieht zuerst nach der Lfd. Nr. des Haushaltes, dann - wenn mehrere Familien in einem Haushalt leben - nach der Lfd. Nr der Familie im Haushalt.

[10]Im Datensatz: EF30=2

[11]Im Datensatz: EF30=3

Abbildung 5.6: Familienstand der 60 bis 65jährigen in der Gesamtstichprobe

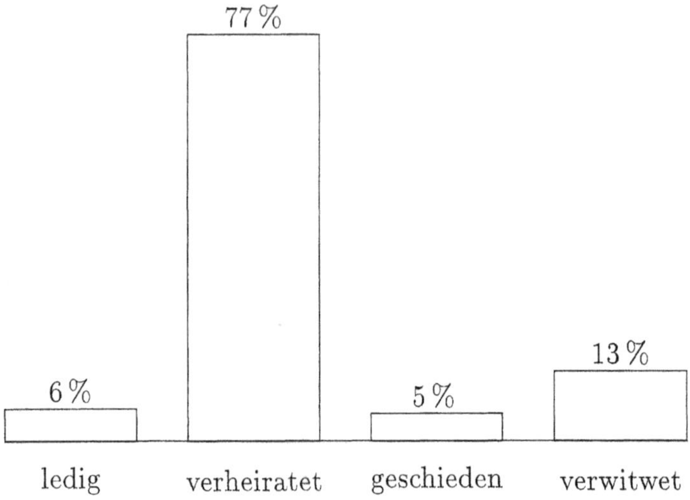

Zum anderen haben 3.242 "Familienbezugspersonen selbst"[12] keinen Partner in der Stichprobe. Diese Personen setzen sich aus denjenigen, deren Partner zum Beispiel beruflich bedingt nicht im gleichen Haushalt wohnt, getrennt lebenden Ehepartnern und zu einem kleineren Teil – wie zuvor – aus Verlusten durch das Ziehen der Unterstichprobe zusammen. Unter den Personen, denen kein Partner zugeordnet werden konnte, sind Männer und Frauen gleich häufig vertreten.

Die Paare lassen sich anhand ihres Zigarettenkonsums weiter klassifizieren: in reine Nichtraucherehen, reine Raucherehen und gemischte Raucher-Nichtraucher-Ehen. Bei den gemischten Ehen kann weiterhin zwischen "Der Mann ist Raucher, die Frau ist Nichtraucherin" und dem umgekehrten Fall unterschieden werden. Vergleich man die Rentenbarwerte von Nichtraucher-Ehepaaren mit den Barwerten der "Mischehen" so ist a priori nicht klar, welche Form der "Mischehe"

[12]Im Datensatz: EF30=1

die stärkeren Einbußen (gegebüber dem Nichtraucher-Ehepaar) erleidet. Dies hängt unter anderem von der Beteiligung der Ehepartner am Erwerbsleben und den dabei erzielten Einkommen ab.

Tabelle 5.3: "Ehearten" nach Rauchgewohnheiten

	Nichtraucherinnen	Raucherinnen
Nichtraucher	64 % (59 %)	7 % (12 %)
Raucher	16 % (24 %)	12 % (5 %)

N=57.573 Korr=0,348

Die prozentuale Verteilung dieser Ehearten zeigt Tabelle 5.3. In den Klammern befinden sich die erwarteten Werte bei Unabhängigkeit der beiden Variablen. Die Tabelle macht deutlich, daß es überproportional oft zu reinen Raucher- und reinen Nichtraucherehen kommt, weniger oft zu "Mischehen". Durch diese Mischehen wird im Mikrozensus zumindest ein Teil der Passivraucher erfaßt, nämlich der, der zu Hause in der eigenen Wohnung mitraucht.[13] Hinzu kommen allerdings noch Passivraucher am Arbeitsplatz und in der Freizeit außer Haus.

Weitere Merkmale

Viele weitere Merkmale, die sich im Mikrozensus befinden, sind mit dem Rauchen korreliert. So weisen Helmert und Borgers (1998) die Abhängigkeit des Zigarettenkonsums von Bildung und Beruf anhand des Mikrozensus 1995 nach: "Eine deutlich erhöhte Raucherprävalenz findet sich für die Berufsgruppen mit dem niedrigsten Qualifikationsprofil (EDB [Einfache Dienste]: 47 %, EMB [Einfache manuelle Berufe]). Eine stark erniedrigte Raucherprävalenz von unter 20 % findet sich für die drei Berufsgruppen mit dem höchsten Qualifikationsprofil (PROF [Professionen]: 16 %, WIS [Wissenschaftler]: 17 %, ING [Inge-

[13]Wobei ja auch das keineswegs sichergestellt ist, da es auch Raucher geben soll, die in ihren eigenen vier Wänden nicht rauchen, etwa um eine Geruchsbelästigung und ein Schädigung von Partner und Kindern zu vermeiden.

nieure]: 19 %."[14] (Helmert und Borgers 1998, 105, für Männer). Zum gleichen Ergebnis kommt Hein (1996), die auf das Bildungsniveau abstellt. "Als eindeutig differenzierendes Merkmal zeigte sich der allgemeinbildende Schulabschluß. Die Unterschiede variieren vor allem mit dem Alter [...] In der Altersklasse der 15- bis unter 40jährigen rauchten Volks- und Hauptschulabsolventen (48,7 %) und Absolventen der allgemeinen polytechnischen Oberschule in der ehemaligen DDR (45,1 %) mit Abstand am häufigsten. [...] In den folgenden Altersklassen näherten sich die Anteilswerte der verschiedenen Schulabschlüsse an." (Hein 1996, 629). Schafstedde (1989) betrachtet in seiner Dissertation den Mikrozensus des Jahres 1978 in bezug auf Rauchen und soziale Merkmale. Er untersucht neben Alter, Geschlecht und Berufsgruppe auch den Einfluß von Familientyp, Haushaltseinkommen pro Kopf und die Gemeindegröße. Betrachtet werden sowohl einfache Häufigkeiten als auch Merkmalskombinationen, deren Ergebnisse sich nicht grundlegend von den vorher dargestellten unterscheiden.

Die Altersvorsorge

Die *Altersvorsorge* wird durch verschiedene Variablen erfaßt. Der status quo der Versicherung wird im Mikrozensus sukzessive durch mehrere Fragen[15] erfaßt.

90 Waren Sie in der Berichtswoche in einer gesetzlichen Rentenversicherung pflichtversichert?

91 Waren Sie in den letzten 12 Monaten vor der Berichtswoche pflichtversichert?

92 Waren Sie in den letzten 12 Monaten vor der Berichtswoche freiwillig versichert?

93 Haben Sie jemals seit dem 1. Januar 1924 Beiträge zu einer gesetzlichen Rentenversicherung geleistet?

[14] Ergänzungen in [ ] von mir (S. W.). "Professionen" sind in dieser Klassifikation u. a. Richter, Rechtsanwälte, Ärzte und Hochschullehrer.

[15] Die Fragen sind dem Selbstausfüllerbogen des Mikrozensus 1995 entnommen.

Bejaht die befragte Person eine Frage, so wird direkt - ohne noch nach früheren Rentenversicherungsbeiträgen zu fragen - nach der Art der Versicherung gefragt (Arbeiter-, Angestellten- oder knappschaftliche Versicherung). Verneint jemand alle Fragen, so hat er nie Beiträge in die gesetzliche Rentenversicherung gezahlt, und mithin keine eigenen Ansprüche erworben. Aus diesen Fragen resultieren die Variablen in Tabelle 5.4. Die Tabelle basiert auf der Gesamtheit der regelmäßigen Zigarettenraucher, da der Versichertenstatus dieser Personengruppe entscheidend für die Unterschiede in der Rentenauszahlungen der Rentenversicherer ist.

Die Tabelle zeigt, daß der Anteil der in der gesetzlichen Rentenversicherung Versicherten unter den Rauchern bei Männer und Frauen mit etwas mehr als 80 % ungefähr gleich groß ist. Bei den Frauen ist allerdings der Anteil derer, die im Augenblick tatsächlich gesetzlich versichert sind, um zwölf Prozentpunkte niedriger als bei den Männern. Dafür ist der Anteil der sogenannten latent Versicherten bei den Frauen um genau diesen Betrag höher. Dies spiegelt die noch immer vorherrschende gesellschaftliche Wirklichkeit wider, daß vornehmlich Frauen im Zuge von Familiengründungen ihre Erwerbstätigkeit aufgeben oder für längere Zeit unterbrechen. Hinzu kommt der hohe Frauenanteil an den sozialversicherungsfreien Tätigkeiten, wie er an anderer Stelle im Mikrozensus erhoben wird.[16]

In die Rentenberechnungen in Kapitel 6 werden nur solche Personen einbezogen, die in der Berichtswoche pflichtversichert waren. Dies dient im wesentlichen dazu, Personen, die vermutlich eine geringe Anzahl an Beitragsjahren haben, bei den Berechnungen auszuschließen.

Die Verteilung der in der Berichtswoche Pflichtversicherten auf die einzelnen Rentenversicherungsträger ist in Tabelle 5.5 und in der folgenden Abbildung 5.7 dargestellt. Die Verteilung der Versicherten auf Arbeiter- und Angestelltenrentenversicherung ist bei Männern und Frauen unterschiedlich. Auf die Rentenschätzungen hat das jedoch kei-

[16] Von den Personen, die als erste Tätigkeit eine geringfügige Beschäftigung angeben, sind mehr als zwei Drittel Frauen.

Tabelle 5.4: Verteilung der versicherten Personen

EF	Versicherung	Männer		Frauen	
		Absolut	%	Absolut	%
81	jetzt pflichtversichert	19.330	70 %	10.424	58 %
82	jetzt nicht pflichtversichert, aber in den 12 Monaten vorher	587	2 %	412	2 %
83	freiwillig versichert in den letzten 12 Monaten, aber nie pflichtversichert in dieser Zeit	451	2 %	117	1 %
84	in den letzten 12 Monaten nicht versichert, aber davor	2.555	9 %	3.811	21 %
Gesamt[a]	jemals Ansprüche erworben	22.917	83 %	14.761	81 %
Rest	keine Ansprüche erworben	4.680	17 %	3.371	19 %

[a]Aus dem oben beschriebenen Befragungsverfahren ergibt sich, daß die Eingabefelder 82, 83 und 84 genau so viele Antwortende haben sollten, wie Personen die vorangegangene Frage verneinen. Leider ist das bei der Variablen 82 nicht der Fall. Sechs Männer und drei Frauen sind dort zuviel und damit doppelt erfaßt. Somit entspricht die Anzahl derer, die durch Beiträge Rentenansprüche erworben haben, nicht exakt der Summe aus den Variablen.

Basis: Alle Personen, die angeben, regelmäßige Zigarettenraucher zu sein.

nen Einfluß, da für beide Versicherungen die gleichen rentenrechtlichen Regelungen gelten. Der Anteil derer, die in der Knappschaftlichen Rentenversicherung versichert sind, ist mit 1 % bei beiden Geschlechtern vernachlässigbar klein.

Tabelle 5.5: Rentenpflichtversicherte in der Berichtswoche nach Träger

Träger	Männer	Frauen
Arbeiterrentenversicherung	61 %	34 %
Knappschaftl. Rentenversicherung	1 %	1 %
Angestelltenrentenversicherung	37 %	65 %
insgesamt	52.982	40.979

Abbildung 5.7: Rentenpflichtversicherte in der Berichtswoche nach Träger

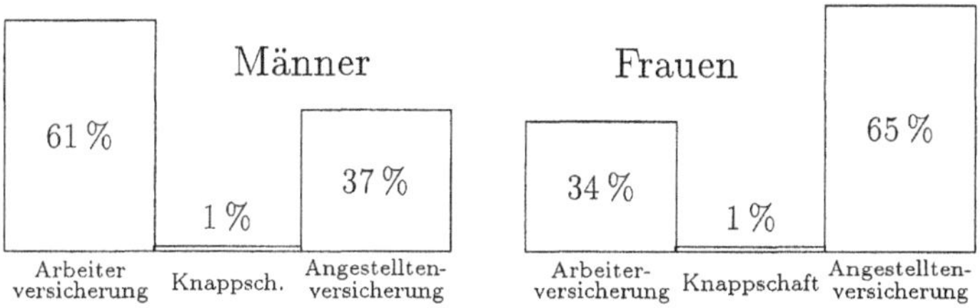

Weiterhin versucht der Mikrozensus die beiden anderen Säulen der Altersvorsorge zu erfassen. So werden Angestellte und Auszubildende nach einer bestehenden betrieblichen Altersvorsorge gefragt.[17] Dabei zeigt sich, wie in Abbildung 5.8 zu sehen, daß für ein Viertel aller Befragten, die Auskunft gaben, eine betriebliche Altersvorsorge irgendeiner Art besteht. Zwei Drittel der Befragten sind nicht zusätzlich durch ihren Arbeitgeber abgesichert und 7 % sind sich nicht sicher. Die häufigste Art der betrieblichen Vorsorge ist die Ruhegeldzusage mit

[17]Hierbei handelt es sich um eine 25 %-Unterstichprobe der gesamten Mikrozensus.

und ohne eigene Beiträge (über 80 % der betrieblichen Vorsorge). Weiterhin bestehen Lebensversicherungen durch den Betrieb (7,5 %), eine freiwillige Weiter- und Höherversicherung in der gesetzlichen Rentenversicherung (2 %) und gemischte Typen (2 %). Sechs Prozent konnten keine Auskunft über die Art der bestehenden Vorsorge geben.

Mit der Frage nach einer bestehenden (eigenen) Lebensversicherung wird ein Teil der privaten Altersvorsorge erfaßt. Angaben zu ihrem Vermögen in der Form einer Lebensversicherung machen immerhin 84 % der Befragten.[18] Von ihnen haben 44 % eine Lebensversicherung, deren Verteilung der Gesamtversicherungssumme Abbildung 5.9 zeigt.

[18] Auswertung des Statistischen Bundesamtes nach Beteiligung am Erwerbsleben und Familienstand für das Jahr 1997 (Unveröffentlichte Tabellen). Die Frage wurde vom Statistischen Bundesamt für 1995 nicht ausgewertet.

Abbildung 5.8: Besteht eine betriebliche Altervorsorge?

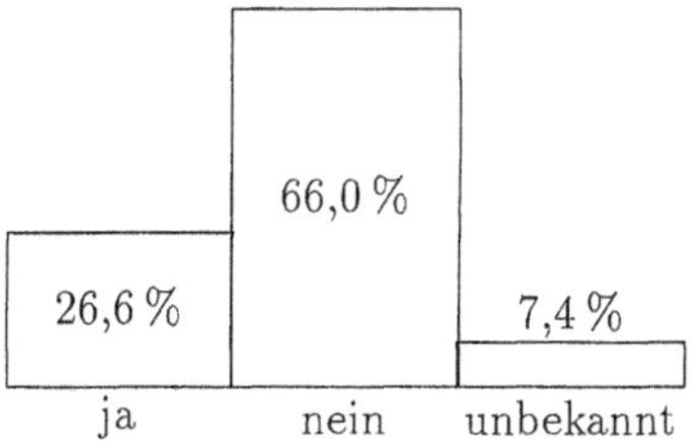

Abbildung 5.9: Besteht eine Lebensversicherung? Wenn ja: Wie hoch ist die Versicherungssumme?

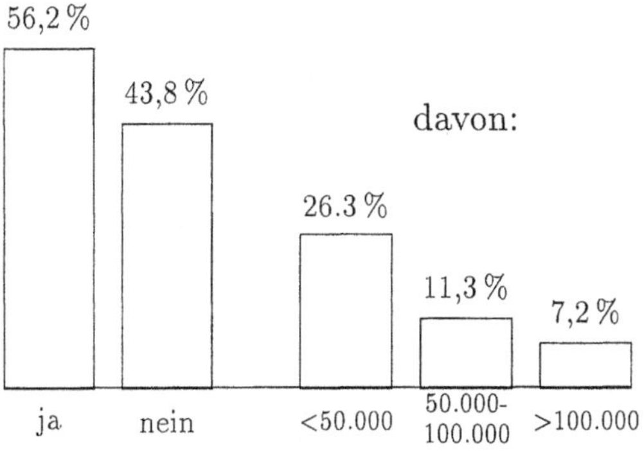

Basis: Bevölkerung über 15 Jahre

Quelle: Unveröffentlichte Auswertungen des Statistischen Bundesamtes

Tabelle 5.6: Einige Originalvariablen des Mikrozensus im Überblick

EF	Variable	Schlüssel
35	Geschlecht	männlich/weiblich
38	Familienstand	ledig/verh./verw./gesch.
1	Land der Bundesrepublik	16 Länder (verschlüsselt)
146	Nettoeinkommen im April	Klasseneinteilung
166U9	Gegenwärtig Raucher?	regelmäßig/gelegentlich/nein
149	Was rauch(t)en Sie überwiegend?	1=Zigaretten 2=Zigarren, Zigarillos 3=Pfeifentabak
150	Anzahl der täglich gerauchten Zigaretten	unter 5 / 5 bis 20 / 21 bis 40 / 41 und mehr
40	Familienzusammenhang	1=Haushaltsvorstand 2=Ehegatte
139	Überwiegender Lebensunterhalt	1=Erwerbs- oder Berufstätigkeit 3=Rente, Pension
61	Erwerbstätigkeit in der Berichtswoche	regelmäßige/unregelmäßige/keine
75	Geringfügige Beschäftigung	1=als 1./2. Tätigkeit/nein
81	Renten-Pflichtversicherung in der Berichtswoche	1=Arbeiterrentenversicherung 2=Knapp. Rentenversicherung 3=Angestelltenrentenversicherung 4=nein
82	Renten-Pflichtversicherung nicht in der Berichtswoche aber in den letzten 12 Monaten	1=Arbeiterrentenversicherung 2=Knapp. Rentenversicherung 3=Angestelltenrentenversicherung 4=nein
83	Freiwillige Rentenversicherung in der Berichtswoche und in den letzten 12 Monaten nicht pflichtversichert	1=Arbeiterrentenversicherung 2=Knapp. Rentenversicherung 3=Angestelltenrentenversicherung 4=nein
84	Latente Rentenversicherung durch Beiträge, die vor über 12 Monaten geleistet wurden	1=Arbeiterrentenversicherung 2=Knapp. Rentenversicherung 3=Angestelltenrentenversicherung 4=nein
90	Beschäftigung im öff. Dienst	ja/nein

Beim Schlüssel sind nicht immer alle Ausprägungen aufgezählt, sondern nur die für die Rentenschätzungen wichtigen. Häufig sind zumindest die Ausprägungen "keine Angabe" und "entfällt" noch zu ergänzen.

"Rentnerschwemme: falsches, angstauslösendes Naturbild für einen sozialpolitischen Sachverhalt"

Unwort des Jahres 1996

(Quelle: http://www.rz.uni-frankfurt.de/~schlosse/unwort.html#91-97)

Kapitel 6

Die Schätzung der Rentenausgaben

Nach den Vorarbeiten der ersten Kapitel, die sich auf die unterschiedliche Lebenserwartung von Rauchern und Nichtrauchern (Kapitel 3), auf die Darlegung der Grundzüge der gesetzlichen Rentenversicherung (Kapitel 4) und auf die Beschreibung einiger wesentlicher Merkmale von Rauchern anhand des Datensatzes des Mikrozensus (Kapitel 5) bezogen, folgt in diesem Kapitel die Berechnung der Rentenausgaben für eine gemischte Raucher-Nichtraucher-Bevölkerung, wie sie 1995 vorliegt, und für eine hypothetische Bevölkerung, in der niemand raucht.

Dabei wird wie folgt vorgegangen: Alle Personen, die im Datensatz "Mikrozensus 1995" erwerbstätig und rentenversichert sind, werden anhand ihres Familienstandes in verschiedene Datensätze aufgeteilt, da nach dem Tod eines verheirateten Rentners in der Regel Witwenrenten gezahlt werden. Die Höhe der Rentenbezüge wird für jede Person berechnet. Die Wahrscheinlichkeit, das Rentenalter zu erreichen, und die fernere Lebenserwartung bei Renteneintritt wurden in Kapitel 3 in Abhängigkeit von Geschlecht, Alter und Rauchgewohnheiten berechnet. Aus diesen Daten wird der erwartete Verlauf der Rentenbezüge für jede Person ermittelt. Die Höhe der monatlichen

Rente ist, wenn man das Rentenzugangsalter erreicht, unabhängig von den Rauchgewohnheiten. Die Anzahl der Jahre, die man Rente bezieht, hängt von der ferneren Lebenserwartung und damit von den Rauchgewohnheiten ab. Die erwarteten Rentenverläufe werden daher zuerst unter der Annahme, alle Personen blieben bei den Rauchgewohnheiten, die sie im Jahr 1995 hatten, berechnet. In einer zweiten Berechnung wird angenommen, alle betrachteten Personen hätten nie geraucht. Dabei werden die verschiedenen Szenarien verwendet, die bereits in Kapitel 3 vorgestellt wurden: Es wird angenommen, daß die Überschußsterblichkeit von Rauchern zu 65 %, zu 75 % und zu 90 % dem Rauchen ursächlich anzulasten ist. Da der Mikrozensus eine repräsentative Stichprobe aus der Bevölkerung bildet, müssen die Ergebnisse auf die gesamte deutsche Bevölkerung hochgerechnet werden, um ein Gesamtergebnis für die Rentenversicherung zu erzielen.

Kapitel 6.1 beschreibt ausführlich die Annahmen und das weitere methodische Vorgehen. Die Ergebnisse werden in Kapitel 6.2 zuerst auf individueller Basis für eine ledige Person und für ein Ehepaar dargestellt, um die grundsätzliche Vorgehensweise zu verdeutlichen. Die umfassenden Ergebnisse für die Rentenversicherung als ganze werden dargestellt und durch eine Sensitivitätsanalyse bezüglich der Eliminationsannahmen in Kapitel 6.3 abgeschlossen.

6.1 Annahmen und Vorgehensweise

Ausgangspunkt aller Berechnungen sind die Rauchgewohnheiten und die daraus resultierenden unterschiedlichen Lebenserwartungen. Der verwendete Datensatz liefert bereits eine eigene Variable "Rauchgewohnheiten", die vom Statistischen Bundesamt aus den Ausgangsfragen erzeugt wurde. Sie ist aber für die geplanten Berechnungen nicht brauchbar, da sie nicht die Anzahl der gerauchten Zigaretten berücksichtigt. Aus den Variablen "Gegenwärtig Raucher", "Art des Gerauchten" und "Anzahl der gerauchten Zigaretten", wird eine neue

Variable "Rauchgewohnheiten" konstruiert. Dabei werden nur die Kategorien "leichter Raucher" (bis 20 Zigaretten pro Tag), "starker Raucher" (21 bis 40 Zigaretten pro Tag), "sehr starker Raucher" (über 40 Zigaretten pro Tag) und die Sammelkategorie "Nichtraucher, Exraucher und sonstige" unterschieden. In der letzten Gruppe werden nicht nur die Nichtraucher, sondern alle anderen zusammengefaßt, weil im Rahmen der Berechnungen nicht weiter zwischen Nicht-, Ex- und sonstigen Rauchern unterschieden wird. Zu den sonstigen Rauchern zählen auch gelegentliche Raucher sowie Raucher von Zigarren, Zigarillos und Pfeifentabak. Alle werden gleichermaßen wie lebenslange Nichtraucher behandelt, was zu einer geringfügigen Unterschätzung der Folgen des Rauchens führt. Die Merkmalsausprägungen der so gebildeten Variablen "Rauchgewohnheiten" stimmen mit den Risikoklassen der Krebspräventionsstudie genau und mit denen der Britischen Ärztestudie ungefähr überein.

Durch epidemiologische Studien kann nicht geklärt werden, welcher Anteil der Überschußsterblichkeit von Rauchern gegenüber von Nichtrauchern durch Rauchen selbst und welcher Anteil möglicherweise durch andere mit dem Rauchen korrelierte Faktoren verursacht wird. Daher werden im Laufe der Berechnungen drei Eliminationsszenarien verwendet: die Elimination von 65 %, von 75 % und von 90 % der Überschußmortalität. Alle weiteren Annahmen und Einschränkungen, die im Zuge der Berechnungen getroffen werden müssen, werden im Sinne einer konservativen Schätzung getroffen. Das bedeutet, daß sie das Ergebnis – in dieser Arbeit: den Betrag, den die deutsche Rentenversicherung für die 1995 pflichtversicherten Erwerbstätigen mehr auszahlen müßte, wenn es in Deutschland keine Raucher gäbe – unterschätzen.

Die individuelle Sicht

Bei der Betrachtung der Auswirkungen der erhöhten Mortalität von Rauchern auf die Rentenversicherung sind verschiedene Blickwinkel möglich. Der einfachste ist der eines Individuums, den auch Shoven et al. (1989) einnehmen. Wie stark sinkt der Rentenbarwert einer

Person, wenn sie vorzeitig stirbt? Das ist die diskontierte Summe der Rente, die diese Person in den verlorenen Lebensjahren bekommen hätte. Diese Sichtweise wird mit der Darstellung der Ergebnisse aus individueller Sicht in Kapitel 6.2, Seite 122 aufgegriffen.

Die Sicht der Rentenversicherung

Die in dieser Arbeit verfolgte Fragestellung geht aber über diese individuelle Sicht hinaus. Hier steht die Frage im Vordergrund, welche Auswirkungen das Rauchen (bzw. der hypothetische Verzicht auf das Rauchen) auf das Budget der gesetzlichen Rentenversicherung hat. Dazu ist die Einbeziehung zumindest der Witwenrente notwendig, da die "eingesparten Rentenzahlungen" durch Rauchen auch durch den Familienstand des Rauchers bestimmt werden. Bei der Rentenberechnung werden ledige, verheiratete, geschiedene und verwitwete Personen unterschiedlich behandelt.

Ledige sowie bereits *Verwitwete* verursachen durch ihren vorzeitigen Tod der Rentenversicherung Einsparungen in Höhe des vollen individuellen Verlusts der zukünftigen Auszahlungen.

Bei *Ehepaaren* gilt im allgemeinen, daß beim Tod eines Partners der oder die Hinterbliebene 60 % von dessen Rentenanspruch als Witwenrente bekommt. Die Ersparnis der Rentenversicherung durch den frühzeitigen Tod beläuft sich damit lediglich auf 40 % des individuellen Verlustes pro Jahr der Restlebensdauer der Witwe. Aufgrund der vorliegenden Daten kann nicht prognostiziert werden, ob es dabei zu einer großen oder kleinen Witwenrente kommt. Da letztere aber selten vorkommt (vgl. Kapitel 4.3, Seite 73), wird im folgenden generell die große Witwenrente zugrunde gelegt, die 60 % der Regelaltersrente beträgt.

Die *Kinder* eines Verstorbenen erhalten Waisenrenten, wenn bestimmte Voraussetzungen, die in Kapitel 4.1 nur zum Teil beschrieben wurden, erfüllt sind. Waisenrenten werden in den nachfolgenden Berechnungen nicht berücksichtigt. Das liegt vor allem daran, daß diese

Situation schwierig zu prognostizieren ist. Kinder erhalten Waisenrente nur bis zum 18. Lebensjahr, bei weiterer Ausbildung längstens bis zum 27. Lebensjahr. Ob ein rentenversicherter Erwerbstätiger zum Zeitpunkt seines (erwarteten) Todes Kinder unter 18 Jahren oder Kinder in Ausbildung unter 27 Jahren hat, ist schwierig zu prognostizieren. Die Nichtberücksichtigung von Waisenrenten in den Rentenberechnungen führt zu einer Überschätzung der Mehrbelastungen der Rentenversicherung in einer raucherfreien Gesellschaft. Da nur 2 % aller ausgezahlten Renten Waisenrenten sind, ist davon auszugehen, daß die Auswirkungen gering sind.

Für den Fall der Ehepaare sind vier Konstellationen denkbar:

1. Beide Partner sind Nichtraucher.
2. Die Frau ist Nichtraucherin, ihr Ehemann Raucher.
3. Die Frau ist Raucherin, ihr Ehemann Nichtraucher.
4. Beide Partner sind Raucher.

Der erste Fall braucht, wenn es um den Zusatzaufwand der Rentenversicherung durch weniger Rauchen geht, nicht weiter berücksichtigt zu werden. In den restlichen drei Fällen ergeben sich Konsequenzen unterschiedlichen Ausmaßes. Zur Verdeutlichung soll hier exemplarisch ein bezüglich des Altersunterschiedes durchschnittliches Ehepaar (die Ehefrau ist zwei Jahre jünger als ihr Mann) betrachtet werden. Als Referenz dient immer Fall 1, ein Nichtraucher-Ehepaar. In einer Durchschnittsehe hat der Ehemann ceteris paribus eine kürzere erwartete Restlebensdauer als seine Ehefrau. Das eigene Einkommen der Frau wird im Augenblick nicht berücksichtigt. Sie bekommt im Falle seines Todes eine Witwenrente. Stirbt der Mann (zum Beispiel durch Rauchen) früher, so spart die Rentenversicherung für jedes Jahr, das er früher stirbt 40 % seiner Rente ein. Die Differenz von 60 % bekommt in diesen Jahren seine Frau als Witwenrente ausgezahlt. Ähnlich im umgekehrten Fall. Raucht der Ehemann nicht, aber seine Partnerin, so entsteht der Rentenversicherung ein Gewinn in Höhe der Witwenrente (also 60 % *seiner* Regelaltersrente) für jedes Jahr, das die Raucherin früher stirbt. Mithin ist das frühere Sterben der Witwe "profitabler" für die Rentenversicherung als das desjenigen, der selbst die Rentenansprüche erworben hat.[1] Im Fall eines reinen Raucher-Ehepaares treffen die beiden Effekte zusammen und addieren sich.

Die Handhabung des Datensatzes hinsichtlich des Familienstandes

Für die Berechnung der Regelaltersrente von versicherten Personen selbst ist der Familienstand (ledig, verheiratet, verwitwet oder geschieden) nicht relevant. Wichtig ist er aber, wenn man die Hinterbliebenenrente betrachtet. Hier werden diese Personengruppen unterschiedlich behandelt. Will man also die Witwenrenten richtig berechnen, muß man den Familienstand einer betroffenen Person zum Zeitpunkt ihres Todes kennen. Aus dem verwendeten Datensatz, dem Mikrozensus 1995, kennt man nur den Familienstand im April 1995. Bis zum (erwarteten) Todeszeitpunkt kann sich der Familienstand verändern. Abbildung 5.6 auf Seite 92 zeigte bereits beispielhaft die Verteilung des Familienstatus für 60- bis 65jährige, die sich stark von der der Gesamtbevölkerung unterscheidet. Da im folgenden auch Witwenrenten berechnet werden, sind Anpassungen des Datensatzes hinsichtlich des Familienstandes notwendig.

1. Unter den 15- bis 65jährigen sind *Ledige* zu 26 % vertreten. Sie kommen vor allem aus den unteren Altersgruppen. Es kann nicht angenommen werden, daß alle von ihnen ledig bleiben. Darauf deutet schon die geringe Zahl der noch Ledigen im Alter von 60 bis 65 hin. Dort sind gerade noch 5 % ledig. Es dürfen also nur einige Ledige so behandelt werden, als blieben sie ledig. Daher wird wie folgt vorgegan-

[1]Das gilt im allgemeinen allerdings nur, wenn die Differenz in Lebensjahren bei rauchenden Männern und Frauen zu Nichtrauchern und Nichtraucherinnen gleich ist. Wie Kapitel 3.3 zeigte, ist das aber nicht der Fall, so daß letztlich der rauchende Ehemann höhere Ersparnisse für die Rentenversicherung bringt als die rauchende Ehefrau.

gen: Die sogenannten Heiratsziffern Lediger des Statistischen Bundesamtes erfassen für verschiedene Altersklassen den Anteil der ledigen Personen, der in diesem Alter heiratet. Diese relativen Häufigkeiten, die für die neuen und alten Bundesländer und für Männer und Frauen getrennt vorliegen, werden als bedingte Wahrscheinlichkeiten interpretiert. Mit ihrer Hilfe kann dann für jede Altersklasse (getrennt nach Geschlecht sowie neuen und alten Bundesländern) die Wahrscheinlichkeit ausgerechnet werden, mit der eine ledige Person, die sich in dieser Altersklasse befindet, in der Zukunft noch heiratet. Diese Wahrscheinlichkeiten sind in den meisten Altersklassen für Frauen höher als für Männer und in der Regel im Westen höher als im Osten. Die verwendeten Wahrscheinlichkeiten und weitere Ausführungen zur Verwendung dieser Heiratsziffern finden sich im Anhang F. Wendet man diese Heiratswahrscheinlichkeiten auf die ledigen Erwerbstätigen im Mikrozensus 1995 an, erhält man als Ergebnis, daß nur knapp die Hälfte der ledigen Personen auch als ledig zu behandeln sind. Die restlichen Personen sind im folgenden als verheiratet zu behandeln. Zur Berechnung von Witwenrenten für deren Partner sind Daten über diese Partner notwendig, die aber naturgemäß nicht vorliegen. Eine Möglichkeit, diesen Mangel zu beheben, bestünde darin, die fehlenden Daten der Ehepartner (Alter und Rauchgewohnheiten) aus dem Datensatz zu konstruieren. Eine zweite, einfachere Variante besteht darin, die Altersverteilung der "noch Heiratenden" zu nutzen, um die Hochrechnung der jetzt schon verheiratenden Personen zu korrigieren: Die unteren Altersklassen werden mittels zusätzlicher Hochrechnungsfaktoren, die aus den Heiratsziffern abgeleitet werden, stärker hochgerechnet als die oberen. Durch dieses Verfahren sind alle möglicherweise zu erzeugenden Merkmale der Ehepartner automatisch enthalten. Trotz der Verwendung des aktuellen Heiratsverhaltens, gemessen durch die Heiratsziffern, bleibt das gesamte Vorgehen nicht unproblematisch, da die seit längerem beobachtbare Entwicklung weg von der Ehe hin zu nichtehelichen Lebensgemeinschaften möglicherweise auch in Zukunft anhalten wird.[2] Setzt sich diese Entwicklung tatsächlich weiter fort, so sind die folgenden Ergebnisse eine starke Unterschätzung der wahren Einsparungen der gesetzlichen Rentenversicherung durch Rauchen, da bei Verheirateten dem Ehepaar nur 40 % der Rente eines Partners bei dessen Tod verloren gehen, bei Ledigen diesem aber die volle Rente.

2. Die (im Datensatz schon) *verheirateten Personen* lassen sich in zwei Gruppen unterteilen. Das sind zum einen die 57.573 Paare, die komplett im Mikrozensus als Paar erfaßt und bereits einander zugeordnet wurden. Es wird angenommen, daß keines der Paare geschieden wird. Für die restlichen 3.386 Personen, die angeben, verheiratet zu sein, denen aber kein Partner in der Stichprobe zugeordnet werden konnte, werden ebenso in die Hochrechnung einbezogen wie die im vorherigen Abschnitt beschriebenen ledigen Personen, die noch heiraten werden.

In der Gruppe der verheirateten Personen entstehen sowohl Regelaltersrenten als auch Witwenrenten, da bis zum Tode eines Ehepartners beide ihre Altersrente beziehen und auch nach dem Tode eines Partners erhält der "Überlebende" weiterhin seine eigene Altersrente und eine Witwenrente. Dies ist nicht das in der Realität praktizierte Verfahren, wie in Kapitel 4.1 dargelegt wurde. Auf das Anrechnen von eigenen Einnahmen wurde hier aus Gründen der Vereinfachung verzichtet. Der zunehmenden Komplexität der Berechnungen stünde nur ein vergleichsweise geringer Informationsgewinn gegenüber, da zumindest im Vergleich eine Zuviel-Berechnung und -Bezahlung von Witwenrenten der Grundannahme "konservative Schätzung" Rechnung entspricht.

---

[2] Die Eheschließungen je 1000 Einwohner sinken seit den 50er Jahren kontinuierlich, und mit ihr die sogenannten Heiratsziffern von Ledigen. Gleichzeitig stieg das Heiratsalter auf augenblicklich 33,2 Jahre bei Männern und 30,3 Jahre bei Frauen für 1995 an (Statistisches Bundesamt 1997a, 69ff.). Weiterhin ist die deutsche Bevölkerung im Europäischen Vergleich immer noch eher heiratsfreudig. (vgl. auch Statistisches Bundesamt (1997b))

3. Der Anteil der *Verwitweten* ist im Gesamtdatensatz mit 5 % natürlicherweise niedriger als der in der Altersklasse 60 bis 65, in der bereits 13 % ihren Ehepartner verloren haben. Der Datensatz wird hinsichtlich des Anteils der Verwitweten nicht angepaßt, da gerade hierin ein wesentlicher Unterschied zwischen Rauchern und Nichtrauchern besteht: nämlich der Wahrscheinlichkeit mit der der Partner, das Rentenalter erreicht. Der Anteil von 13 %, der bereits verwitwet das Rentenalter erreicht, ist für die Rentenberechnungen nur insofern relevant, als daß diese Personen im folgenden als Alleinstehende behandelt werden, die – wenn sie sterben – ihr volles eigenes Renteneinkommen und/oder ihre Witwenrente verlieren. Sie bilden mit den Ledigen zusammen die Gruppe "Unverheiratete" (N=31.819). Fluktuationen zwischen den Gruppen "Verwitwet" und "Verheiratet" werden nicht berücksichtigt.

4. Die Gruppe der *geschiedenen Personen* ist mit 5 % bei Renteneintritt so groß wie im Durchschnitt im gesamten Datensatz. Daher sind keine Anpassungen notwendig. Eine Fluktuation zwischen den Gruppen der geschiedenen und verheirateten Personen, die in der Realität stattfindet, wird ignoriert. Von den Geschiedenen sind keinerlei Angaben, die für die Durchführung des in Kapitel 4.1 (S.69) beschriebenen Versorgungsausgleichs notwendig wären, wie die Dauer der Ehe, bekannt. Behandelte man Geschiedene so wie Ledige, würde man den möglicherweise vorhandenen Anspruch auf Witwenrente der geschiedenen Ehepartner ignorieren und somit bei der Elimination von Rauchen als Todesursache den Mehraufwand für Geschiedene deutlich überschätzen. Daher werden für Geschiedene keine Berechnungen durchgeführt.

Die eigene Rente wird für alle geschätzt, die angeben, in der Berichtswoche rentenpflichtversichert gewesen zu sein, und zwar in der Arbeiter- bzw. Angestelltenversicherung. Unberücksichtigt bleibt damit die Knappschaftliche Rentenversicherung. Grund dafür ist zum einen, daß sich deren Regelungen in einigen Punkten von den anderen Versicherungen unterscheiden. Gewichtiger ist jedoch, daß zumindest bei für lange Zeit unter Tage Beschäftigten größere Mortalitätsrisiken als beim Rest der Bevölkerung wirken. Desweiteren zeigte Abbildung 5.7, daß mit nur 1 % der Anteil der knappschaftlich Rentenversicherten vernachlässigbar gering ist.

Wie Kapitel 4.3 gezeigt hat, ist zwar das Renteneintrittsalter im Laufe der Jahre bei den Männern einem Abwärtstrend und bei den Frauen Schwankungen unterworfen. Die Frage, welches Renteneintrittsalter den Simulationen zugrunde gelegt werden soll, ist somit nicht leicht zu beantworten. Hinzu kommt, daß es für unterschiedliche Branchen und Berufe unterschiedliche Sonderregelungen in Tarifverträgen und unterschiedliche Programme mit unterschiedlich hohen "Erfolgsquoten" für den Vorruhestand gibt. Für Deutschland sind keine Daten über das Renteneintrittsalter in Abhängigkeit von Berufen und Wirtschaftszweigen verfügbar.[3] Im folgenden wird ein Renteneintritt mit 65 Jahren angenommen. Dies ist aus mehreren Gründen sinnvoll: Aufgrund von erhöhten Finanzschwierigkeiten, die zum Teil auf sogenanntem demographischen Druck auf die Rentenversicherung beruhen, hat die Politik bereits mit der Erhöhung der Altersgrenze für den Renteneintritt reagiert. Die Schwelle für die Regelaltersrente bleibt zwar bei 65 Jahren. Beseitigt wurden aber die Sonderregelungen für langjährig Versicherte, die bislang bereits mit 63 Jahren in Rente gehen konnten, und für Frauen, für die 60 das Mindestalter war.[4] Die Frühverrentung stagniert spätestens seit Mitte der 90er Jahre nicht nur

[3]Der Verband der Rentenversicherungsträger (VdR) hat nach telefonischer Auskunft von Uwe Rehfeld, dem Leiter der Abteilung Statistik, keine solchen Daten. Auswertungen existieren lediglich für abgeschlossene Kohorten bis 1925 (Rehfeld 1994). Der VdR leitet aber entsprechende Daten zur Koordinierung und weiteren Auswertung an die Bundesanstalt für Arbeit und das ihr angegliederte Institut für Arbeitsmarkt- und Berufsforschung (IAB) weiter. Dort wird laut persönlicher Auskunft durch Stefan Bender vom IAB ein solcher Datensatz aber frühestens Ende 1999, und damit zu spät für diese Arbeit, vorliegen.

[4]Die Anpassung erfolgt schrittweise ab dem Jahre 2000 und soll 2004 bzw. 2010 abgeschlossen sein.

in Deutschland (Ochtel 1999).[5] Somit ist eher mit einem Anstieg des durchschnittlichen Renteneintrittsalters als mit einem weiteren Sinken zu rechnen. Zwar gibt es auch eine gegenläufige Entwicklung, doch diese besteht in der Regel in der sogenannten Altersteilzeit. Solche Regelungen berühren den eigentlichen Renteneintritt jedoch nicht, da sie meistens nicht durch die gesetzliche Rentenversicherung oder zumindest gemischt finanziert sind. Die gesetzliche Rentenversicherung selbst sieht auch weiterhin die Möglichkeit einer vorzeitigen Rente vor, allerdings mit Abstrichen bei den Rentenzahlungen. Die Annahme, der Renteneintritt erfolge mit 65 Jahren, führt zur Erfassung des Hauptteils der Rentenversicherung und zu einer Unterschätzung der Auswirkungen des Rauchens auf die Rentenversicherung.

Die Schätzung der Höhe der Altersrente

Die monatliche Rente wird nach der Rentenformel:

Monatliche Rente =
Summe der Entgeltpunkte · Rentenartfaktor · aktueller Rentenwert

wie folgt berechnet:

Als aktueller Rentenwert wird der im April 1995 gültige zugrunde gelegt (vgl. S.72). Abhängig vom Wohnsitz des Haushaltes (alte oder neue Bundesländer) wurde der entsprechende Wert, nämlich 46,00 DM bzw. 35,45 DM, verwendet. Dabei wird im weiteren unterstellt, daß weder eine Realerhöhung der Renten noch eine Angleichung der Löhne in beiden Teile Deutschland stattfindet. Letzteres mutet vielleicht etwas unrealistisch oder gar pessimistisch an; eine willkürliche Festlegung eines Anpassungspfades erscheint aber auch wenig sinnvoll.

Der Rentenartfaktor ist, wie im Gesetz vorgesehen, der Faktor Eins bei der Regelaltersrente und aus den bereits dargelegten Gründen standardmäßig 0,6 für die Witwenrente.

[5] Gemessen wird dies zum Beispiel durch den Frühverrentungsindex, der sich als 100 % minus Erwerbsquote der Männer im Alter von 55 bis 64 Jahre definiert.

Zur Ermittlung der Summe der Entgeltpunkte benötigt man entweder die exakten Entgeltpunkte aus jedem Beitragsjahr, die dann addiert werden, oder die Anzahl der Beitragsjahre und die durchschnittliche Höhe der Entgeltpunkte im Erwerbsleben. Da der Mikrozensus als Querschnittuntersuchung keinerlei Daten über Lebenseinkommensprofile liefert, wird hier der zweite Weg gewählt: die Verwendung von Durchschnittswerten. Die Anzahl der Beitragsjahre ist aber ebenfalls nicht aus dem Mikrozensus ermittelbar, so daß auf die Daten der Rentenversicherungsträger zurückgegriffen werden muß: Es wird die durchschnittliche Anzahl der Beitragsjahre, wie sie für die jetzige Rentnergeneration zutreffen, verwendet. Sie wurden bereits in Tabelle 4.5 auf Seite 76 nach Geschlecht, Bundesland und Status (Arbeiter-Angestellte) dargestellt. Weitere Differenzierungen können nicht vorgenommen werden. Schwieriger gestaltet sich die Schätzung der relativen Einkommensposition, des durchschnittlichen Entgeltpunktes. Im Mikrozensus steht lediglich das Nettogehalt in der Berichtswoche im April 1995 zur Verfügung. Eine einfache Schätzung der relativen Einkommensposition ergäbe sich auf der Basis der augenblicklichen Einkommensverteilung: Aus ihr könnte der Entgeltpunkt des Versicherten 1995 berechnet und als Durchschnittswert für alle Versicherungsjahre interpretiert werden. Da die Einkommenshöhe unter anderem stark vom Alter abhängig ist, erscheint eine verfeinerte Schätzung im Sinne der Verwendung von Lebenseinkommensprofilen sinnvoll. Das Konzept und die Ergebnisse einer solchen Schätzung mit den Daten des Mikrozensus werden im folgenden Exkurs dargestellt und in den Rentenberechnungen verwendet.

Vorab jedoch noch einige Worte zur Einkommensvariablen im Mikrozensus selbst:[6] Zum einen wird das Einkommen mit Hilfe von 18 Einkommensklassen erfragt, deren Breite zwischen 300 und 500 DM variiert. Die oberste, offene Klasse beginnt bei einem Nettoeinkommen von 7500 DM, so daß sie kaum Probleme bereitet, da diese Klasse bei den gesetzlich rentenversicherten Personen nur gering (1 %) be-

[6] Vergleiche auch Helberger(1983), 84f.

setzt ist.[7] Es wird nicht zwischen verschiedenen Einkommensarten differenziert. Gefragt wird ausdrücklich nach der Summe aller Einkünfte: "z. B. Lohn oder Gehalt, Unternehmereinkommen, Rente, Pension, öffentliche Unterstützungen, Einkommen aus Vermietung und Verpachtung, Kindergeld, Wohngeld" (Mikrozensus 1995, Interviewervordruck). Eine bedeutende Quelle für Verzerrungen bei den folgenden Berechnungen ist die Annäherung der Bruttogehälter durch die Nettogehälter. Problematisch sind dabei die persönlich unterschiedlichen Abgabenlasten. Dies gilt insbesondere für Verheiratete im Gegensatz zu Ledigen und für verheiratete Männer und Frauen, die unterschiedliche Steuerklassen wählen können. Eine weitere Fehlerquelle, die der Mikrozensus allerdings mit anderen Erhebungen teilt, ist die Untererhebung des Einkommens. Da die *absoluten* Zahlen für die Berechnung der Entgeltpunkte und damit der Rente keine Bedeutung haben, werden die Ergebnisse von einer *unverzerrten* Untererhebung der Nettoeinkommen nicht beeinflußt, wohl aber von einer *verzerrten.* Wie stark die Verzerrungen beim Mikrozensus möglicherweise sind, kann man nur abschätzen. Kapitel 5.3 auf Seite 85 hatte durch einen Vergleich mit anderen Datensätzen gezeigt, daß sich eventuell auftretende Verzerrungen beim Mikrozensus im gleichen Rahmen bewegen wie bei anderen Erhebungen.

Während Shoven et al.(1989) mangels anderer Daten Einkommensprofile mittels verschiedener Quellen aus der Bevölkerungsstatistik approximieren[8], werden im folgenden Exkurs Lebenseinkommenprofile aus den Querschnittdaten des Mikrozensus generiert. Diese Lebenseinkommensprofile werden kann den Rentenberechnungen zugrunde gelegt.

[7]Die oberste offene Klasse bereitete Helberger (1983) noch deutlich mehr Probleme, da sie im Mikrozensus 1971 noch bei 1500 DM Nettogehalt begann und sich zum Teil über 50 % der Antwortenden dort einstuften.

[8]"We have not been very sophisticated in developing our earning profiles"(Shoven, Sundberg, und Bunker 1989, 237).

Exkurs: Lebenseinkommensanalyse

In der Empirik wurde eine Reihe von Ansätzen zur Schätzung von Lebenseinkommensprofilen entwickelt. Die Basis der meisten Modelle bildet die Humankapitaltheorie, nach der das Einkommensprofil durch die Ausbildung und deren individuelle Wirksamkeit (die nicht beobachtbar ist) festgelegt ist, so daß das jährliche Einkommen nur noch mit dem Alter steigt. Dieses Grundmodell von Mincer (1974) wurde im Laufe der Jahre durch viele einzelne Einflußfaktoren konkretisiert und erweitert, z. B. durch den Einfluß des Elternhauses.[9] Hauptziel der Beschäftigung mit Lebenseinkommensprofilen ist meist die Analyse von Lohn- und Einkommensmobilität als eine Komponente von sozialer Mobilität. Andererseits läßt sich mit Hilfe solcher Profile die durchschnittliche Einkommensposition eines Einkommensbeziehers besser schätzen als durch die einfache Annäherung mittels der relativen Position zu einem bestimmten Zeitpunkt (beim verwendeten Datensatz: im April 1995). Grundlage solcher Einkommensanalysen sind in der Regel Längsschnittdaten. Das wirft jedoch zwei Probleme auf: Einerseits gibt es kaum Datensätze, die das Erwerbsleben der Bevölkerung vollständig erfassen. Schmähl (1985) untersucht daher sogenannte prozeßproduzierte Längsschnittdaten auf ihre Eignung für eine sekundärstatistische Auswertung. Für Deutschland erweisen sich die Datenbestände der Rentenversicherungsträger als wichtigste Datenquelle für solche Längsschnittinformationen, da für die Ermittlung der Rente das Erwerbsleben der Versicherten auf Versichertenkonten festgehalten wird. So basieren auch die wichtigsten Arbeiten für Deutschland auf Stichproben aus den Rentenversicherungsdateien (Fachinger 1991, Fachinger 1994, Schmähl 1983). Dem Vorteil der hohen Validität solcher Daten steht der große Nachteil der Rückwärtsgewandtheit gegenüber. Vollständige Verläufe des Lebenseinkommens liegen lediglich für sehr alte Kohorten – ungefähr bis Jahrgang 1945 – vor. Daher werden oft Querschnittdaten als Pseudolängsschnittinfor-

[9] Einen kurzen Überblick bietet Helberger (1983), 77ff.

mationen herangezogen: Ähnliche Personen unterschiedlichen Alters werden zu einem Profil zusammengesetzt.[10] Helberger (1985) benutzt beispielsweise eine Mikrozensuszusatzerhebung aus dem Jahr 1971 für eine solche Querschnittbetrachtung. Im folgenden wird eine solche Berechnung mit dem Mikrozensus 1995 durchgeführt.

Mittels einer polynomialen Regression vierten Grades wird der Verlauf des logarithmierten Jahreseinkommen für *alle* Einkommensbezieher, die angaben, ihr Einkommen hauptsächlich aus Erwerbs- und Berufstätigkeit zu erzielen, geschätzt. Die Regression wird für West- und Ostdeutsche und für Männer und Frauen getrennt geschätzt, da sich die Koeffizienten dieser Gruppen unterscheiden können. Das Ergebnis ist in Tabelle 6.1 dargestellt. Das Einkommen steigt mit der Anzahl der Bildungsjahre[11]. Angestellte verdienen mehr als Arbeiter (Dummy-Variable "Stellung im Beruf"); das Ausüben von Teilzeitarbeit mindert das Einkommen. Eine Beschäftigung im öffentlichen Dienst wirkt sich bei Männern und Frauen unterschiedlich aus: bei Frauen positiv, bei Männern negativ. Die im Mikrozensus auch enthaltene Variable "Stellung im Beruf", die in leicht modifizierter Form[12] vom Wert Eins für Auszubildende bis Acht für Direktoren, Amtsleiter und Geschäftsführer reicht, erweist sich ebenso als signifikante Einflußgröße wie das Alter. Interaktionseffekte zwischen Alter und Bildungsjahren spielen ebenfalls eine Rolle.[13]

[10] Das Vorgehen ist dabei analog zur Konstruktion von Periodensterbetafeln. Dort wird auch keine authentische Generation betrachtet, sondern die jetzt herrschende Mortalität auf eine hypothetische Kohorte übertragen.

[11] Den Bildungsabschlüssen werden folgende Anzahl an Jahren zugeordnet: Haupt- oder Volksschulabschluß 9 Jahre, Realschulabschluß (Mittlere Reife) und polytechnische Oberschule der DDR: 10 Jahre, Fachhochschulreife 12 Jahre und Abitur 13 Jahre. Für berufliche Abschlüsse werden noch addiert: Lehr- oder Anlernausbilung 1,5 Jahre, berufliches Praktikum 0,5 Jahre, Meister/Techniker 2 Jahre, Fachschule der DDR 4 Jahre, Fachhochschule/Ingenieurschule 3 Jahre und Hochschulstudium 5 Jahre.

[12] Die Selbständigen werden aus der Skala entfernt.

[13] Dieser Interaktionseffekt impliziert, daß in höheren Altersklassen die Bildung eine geringere Rolle spielt. Dies mag zum Teil ein Kohorteneffekt sein.

Tabelle 6.1: Schätzung des Lebenseinkommensprofils: geschätzte Koeffizienten

Merkmal	Westdeutschland		Ostdeutschland	
	Männer	Frauen	Männer	Frauen
Konstante	4,428	5,042	3,794	3,931
Stellung im Beruf	0,102	0,127	0,09449	0,133
Stellung im Betrieb	0,07785	0,09811	0,03716	0,07504
Öffentlicher Dienst	-0,152	0,03572	-0,05507	0,201
Teilzeitarbeit	-0,456	-0,459	-0,319	-0,363
Familienstand	0,192	-0,175	0,08139	-0,103
Bildungsjahre	0,02977	0,02988	0,04888	0,049
Bildungsjahre·Alter	$-3{,}1\cdot10^{-4}$	$-4{,}4\cdot10^{-4}$	$-4{,}2\cdot10^{-4}$	$-4{,}9\cdot10^{-4}$
Alter	0,169	0,113	0,205	0,179
Alter^2	$-2{,}6\cdot10^{-3}$	$-1{,}6\cdot10^{-3}$	$-3{,}6\cdot10^{-3}$	$-3{,}0\cdot10^{-3}$
Alter^4	$1{,}8\cdot10^{-7}$	$9{,}6\cdot10^{-8}$	$3{,}0\cdot10^{-7}$	$2{,}5\cdot10^{-7}$
R^2	0,53	0,40	0,47	0,51

Alle Koeffizienten sind bei einem Niveau von α=0.01 signifikant.

Abbildung 6.1 zeigt das geschätzte Lebenseinkommensprofil eines männlichen angestellten Sachbearbeiters, der nach seiner Fachhochschulreife eine Lehre gemacht hat und in den westlichen Bundesländern wohnt. Bei der Betrachtung der Grafik ist zu beachten, daß keine Änderungen des allgemeinen Lohnniveaus berücksichtigt wurden. Die Ordinate bezeichnet daher Einkommen (ohne Reallohnänderungen) in den Preisen von 1995. Ceteris paribus erreicht das Einkommen nach einem kontinuierlichen Anstieg im Lebensalter von etwa 40 Jahren ein Maximum, um danach wieder zu sinken. Der geschätzte erneute leichte Anstieg ab dem 55. Lebensjahr könnte durch einen relativ frühen Abgang von niedrigen Einkommen in die Rente erklärt werden. Dieser Anstieg fällt bei der Schätzung für die neuen Bundesländer noch etwas stärker aus. Es ist davon auszugehen, daß die Zusammensetzung der

Erwerbsbevölkerung sich in diesem Alter bereits geändert hat. Somit wird in diesen Altersklassen das Einkommen überschätzt.

Abbildung 6.1: Lebenseinkommensprofil

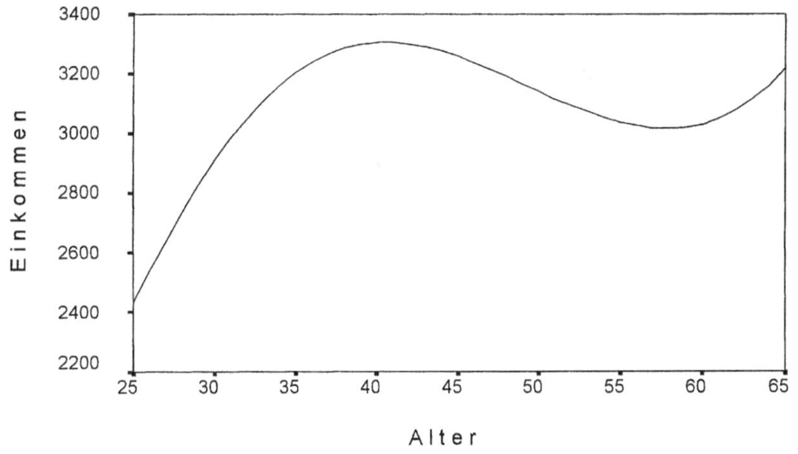

Zurück zur Rentenberechnung:

Ausgehend vom Einkommen im April 1995 wird das Einkommen jeder Person in allen Erwerbsjahren geschätzt, wobei als Anzahl der Berufs- und damit Erwerbsjahre die maximal mögliche, nämlich 65 minus Bildungsjahre minus Sechs, unterstellt wird. Mit den Residuen aus der Schätzung werden die so geschätzten Einkommensprofile korrigiert: Die Residuen setzen sich zusammen aus dem nicht isoliert meßbaren individuellen Können und einem Zufallseffekt, der nur in dieser Meßperiode auftritt. King/Dicks-Mireaux (1982, S. 254f) zeigen mittels kanadischer Daten, daß man den individuellen Effekt mit 50 % des gesamten Fehlerterms ansetzen kann. Das bedeutet: Eine Person, die im April 1995 das 1,2fache des für sie nach ihren übrigen

Merkmalen geschätzten Einkommens erzielte, lag in der Vergangenheit und liegt in der Zukunft im Erwartungswert um 10 % über dem jeweils geschätzten Einkommen. Die restlichen 10 % (und damit 50 % des Fehlerterms) werden als Zufallseffekt, der nur im 1995 auftritt, interpretiert. Gleichzeitig wird der Bemessungsgrundlage Rechnung getragen, indem alle Einkommen bei 5.000 DM im Westen und 4.000 DM im Osten abgeschnitten werden. Ebensowenig werden Einkommen unter 600 DM berücksichtigt. Diese Zahlen resultieren aus den folgenden Erwägungen: Die untere Grenze von 600 DM ergibt sich aus der Geringfügigkeitsgrenze, die 1995 580 DM bzw. 470 DM betrug. Die Bemessungsgrenzen von 7800 DM bzw. 6.400 DM (im April 1995) - bezogen auf das Bruttogehalt - ergeben - bezogen auf das Nettogehalt - etwa die genannten Zahlen. Den Abschätzungen ist zugrundegelegt, daß das Nettogehalt 65 % des Bruttogehaltes beträgt.[14] Gleichzeitig werden die bestehenden Einkommensklassen im Datensatz berücksichtigt. Den Verzerrungen des Nettogehaltes im Vergleich zum Bruttogehalt, wie es sich vor allem in unterschiedlichen Vorzeichen des Einflusses vom Familienstand zeigt, wird dadurch Rechnung getragen, daß bei der Berechnung der jährlichen Einkommen der Familienstand auf 'ledig' standardisiert wird.

Für jede Person liegen nun die geschätzten Einkommen aller vergangenen und zukünftigen Erwerbsjahre vor. Die Entgeltpunkte für jedes Jahr werden mit Hilfe des Durchschnittseinkommens berechnet. Dabei wird ein durchschnittliches Einkommen von 2619 DM zugrunde gelegt.

Hierbei ist auf zwei Besonderheiten hinzuweisen. Zum einen wird für jedes Jahr der Erwerbstätigkeit das gleiche Durchschnittseinkommen verwendet. Das Vorgehen entspricht dem der Einkommensregression, wo keine Reallohnsteigerungen enthalten und alle Angaben in den Preisen von 1995 waren. Im weiteren bereitet die möglichst realitätsnahe Berechnung des Durchschnittseinkommens Schwierigkeiten. Eine in den fünfziger Jahren einmalig vorgenomme Berechnung

[14]Vergleiche Fußnote 6, S.70.

der Durchschnittseinkommen wird seither gemäß der Entwicklung der Bruttolohn- und -gehaltsumme je durchschnittlich beschäftigtem Arbeitnehmer aus den Daten der Volkswirtschaftlichen Gesamtrechnung fortgeschrieben.[15] In dieser sind aber nicht nur versicherte Einkommen enthalten, sondern alle Einkommen, inklusive aller über der Beitragsbemessungsgrenze und der Beamtengehälter. Das Durchschnittseinkommen wird für die Rentenberechnungen dieser Arbeit aus der gesamten Einkommensverteilung[16] ermittelt und beträgt 2619 DM. Legte man nur die gesetzlich versicherten Personen zugrunde, so ergäbe sich ein Durchschnittseinkommen von 2423 DM.

Mit Hilfe der so gewonnenen persönlichen Entgeltpunkte läßt sich für jede Person der im Erwerbsleben durchschnittlich erworbene Entgeltpunkt berechnen. Dieser wird mit der Anzahl der Beitragsjahre, dem Rentenartfaktor und dem aktuellen Rentenwert multipliziert, um die persönliche monatliche Rente zu erhalten, die mit zwölf multipliziert die jährliche Rente ergibt. Der Beginn und die erwartete Dauer des Rentenbezugs werden berechnet und damit der Rentenverlauf festgelegt.

Unterschiede zwischen Rauchern und Nichtrauchern ergeben sich hier bezüglich der erwarteten Dauer des Rentenbezugs und – bedeutender – in der Wahrscheinlichkeit, daß es überhaupt zu diesem Rentenbezug kommt. Mit Hilfe der Wahrscheinlichkeiten, das Rentenalter zu erreichen, lassen sich Erwartungswerte für den Rentenbezug für jede Person für jedes Jahr in der Zukunft bilden. Aggregiert man diese Erwartungswerte und rechnet sie auf die Gesamtbevölkerung hoch, so erhält man die gesamten zukünftig für die Erwerbsbevölkerung des Jahres 1995 zu zahlenden Rentenausgaben.

---

[15] Dieses Vorgehen erfolgt analog zur Anpassung des aktuellen Rentenwertes.

[16] Aus der gesamten Einkommensverteilung heißt: Aus der Gruppe aller Antwortenden (N=198.804) werden die Datensätze mit einem strikt positiven Einkommen, das hauptsächlich aus Erwerbs- und Berufstätigkeit erzielt wird (N=92.262), verwendet.

Besonderheiten bei verheirateten Personen

Ehepaare werden zweimal betrachtet: einmal aus der Sicht des Mannes als Einkommensbezieher und Rentenanwärter und anschließend ebenso aus der Perspektive der Frau als Einkommensbezieherin und Rentenanwärterin. Die Tatsache, daß eine Person verheiratet ist, hat hier also lediglich den Einfluß, daß beim Tod des Versicherten die Rente nicht völlig entfällt, sondern – solange die Witwe/der Witwer weiterlebt – zur Witwenrente wird. Es können vier verschiedene Rentenverläufe auftreten.

1. Der Versicherte erreicht das Rentenalter nicht, sein Ehepartner überlebt ihn und erhält Witwenrente.
2. Der Versicherte erreicht das Rentenalter nicht, sein Ehepartner ist bereits verstorben. Es wird weder eine Regelaltersrente noch eine Witwenrente gezahlt.
3. Der Versicherte erreicht das Rentenalter und erhält eine Regelaltersrente. Zum Zeitpunkt seines Todes (im Alter von mehr als 65 Jahren) lebt sein Ehepartner noch und erhält dann eine Witwenrente.
4. Der Versicherte erreicht das Rentenalter und erhält eine Regelaltersrente. Zum Zeitpunkt seines Todes (im Alter von mehr als 65 Jahren) lebt sein Ehepartner nicht mehr. Somit kommt es zu keiner Witwenrente.

Je nach Rauchgewohnheiten der beiden Eheleute kommt es mit unterschiedlichen Wahrscheinlichkeiten zu den oben genannten Verläufen, die die folgende Zeichnung 6.2 skizziert. Dabei fallen auch die einzelnen Intervallängen unterschiedlich aus. Die für eine verheiratete Person erwartete Rentenzahlung wird aus allen vier möglichen Verläufen berechnet, indem die jeweiligen Zahlungsreihen mit den dazugehörigen Wahrscheinlichkeiten gewichtet werden. Was in der Zeichnung aus Sicht des Ehemannes dargestellt wird, gilt genauso für die eigenen Rentenanwartschaften der Ehefrau und wird für diese eigenständig berechnet. Für die Schätzung der Rente bei verheirateten Personen sind somit lediglich folgende Merkmale des Partners relevant: das Alter, die

Abbildung 6.2: Potentielle Rentenverläufe eines verheirateten Mannes

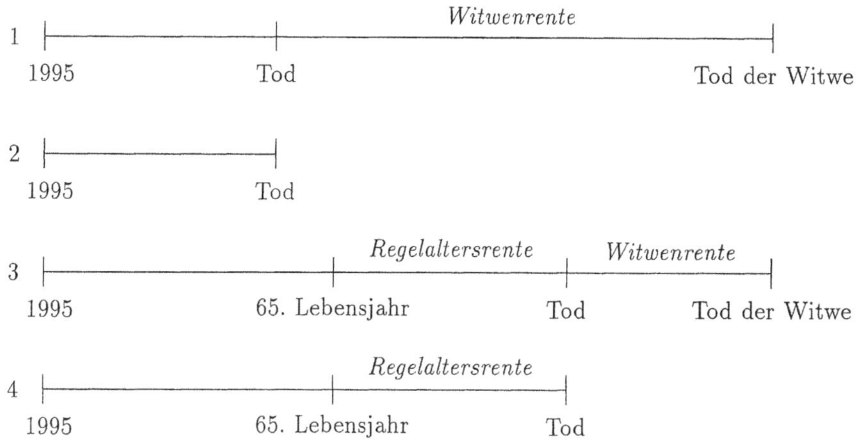

Rauchgewohnheiten und das Geschlecht. Alle für die Berechnungen notwendigen Überlebenswahrscheinlichkeiten und Lebenserwartungen wurden in Kapitel 3 berechnet.

Hochrechnung

Der Mikrozensus 1995 ist keine Totalerhebung, sondern eine Stichprobe der deutschen Bevölkerung. Will man also Auswirkungen eines Rauchverzichts auf die Ausgaben der gesetzlichen Rentenversicherung berechnen, so muß man die Ergebnisse, die man mit den Daten des Mikrozensus erhält, auf die gesamte deutsche Bevölkerung hochrechnen. Standardmäßig muß mittels des Faktors 2 vom Auswahlsatz (50 %) für den Zusatzbogen "Fragen zur Gesundheit" auf den gesamten Mikrozensus hochgerechnet werden. Für die vorliegende Unterstichprobe ist jedoch lediglich ein Korrekturfaktor von 1,99 notwendig, der sich aus den Daten ergibt. Weiterhin muß mittels des Divisors 0,7 von der vorliegenden Unterstichprobe auf den gesamten Mikrozensus und mittels des Faktors 100 von der Stichprobe des Mikrozensus auf die gesamte Bevölkerung hochgerechnet werden. Letzteres geschieht aufgrund der Schichtung beim Stichprobenverfahren unter Zuhilfenahme von Korrekturtermen, die vom Statistischen Bundesamt geliefert werden. Desweiteren müssen verschiedene Ausfälle kompensiert werden. Das sind vor allem die Antwortausfälle bei der gesamten Zusatzbefragung Gesundheit, Ausfälle bei der Einkommenserhebung und Ausfälle bei den Fragen nach der Art des Tabakkonsums und der Anzahl der gerauchten Zigaretten. Diese führen zu einem weiteren Korrekturfaktor von 1,19. Für die Hochrechnung der verheirateten Personen werden zusätzliche Hochrechnungsfaktoren, wie sie sich aus den Ausführungen zur Behandlung der ledigen Personen, die noch heiraten werden, und der Behandlung der verheirateten Personen ohne Partner im Datensatz ergeben. Die Hochrechnung erfolgt gebunden an das Alter. Die Faktoren sind im Anhang F dargestellt.

Das Vorhaben, Rentenverläufe zu prognostizieren, führt zu Problemen. Zum einen kann die gesetzliche Rentenversicherung nur auf dem heutigen Stand der geltenden Bestimmungen hochgerechnet werden. Das heißt, zukünftige Veränderungen der gesetzlichen Grundlagen, die bis heute nicht bekannt sind, können nicht berücksichtigt werden. Es wird in dieser Arbeit auch kein Versuch der Prognose solcher Entwicklungen unternommen (Vergleiche auch die Abschnitte "Die Schätzung der Höhe der Altersrente" S. 111.). Konkret wird im weiteren unterstellt, daß das Rentenniveau in der Form des aktuellen Rentenwertes real nicht steigen wird.

6.2 Ergebnisse

Die individuelle Sicht

Shoven et al. (1989) betrachten die Auswirkungen erhöhter Mortalität auf den Rentenverlauf aus individueller Sicht. Analog dazu wird im folgenden Abschnitt das Beispiel des Sachbearbeiters aus Abbildung 6.1 wieder aufgegriffen, sein erwarteter Rentenbezug als Raucher und Nichtraucher geschätzt und dargestellt. Zuerst wird angenommen, die Person sei ledig.

Für jedes der Erwerbsjahre des Sachbearbeiters wird der Entgeltpunkt berechnet. Daraus ergibt sich für ihn ein durchschnittlicher Entgeltpunkt von 1,25. Als angestellter Westdeutscher wird für ihn eine Beitragszeit von fast 40 Jahren (vgl. Tabelle 4.5, S. 76) zugrundegelegt. Mit dem aktuellen Rentenwert von 46 DM ergibt sich eine monatliche Rente von 2293,52 DM. Mit welcher Wahrscheinlichkeit und wie lange er voraussichtlich in den Genuß dieser Rente kommt, hängt ceteris paribus von seinen Rauchgewohnheiten ab. Angenommen, der Angestellte ist 45 Jahre alt und starker Raucher: Die Wahrscheinlichkeit Rentner (=65 Jahre alt) zu werden, liegt für ihn als starken Raucher bei 47 %. Erreicht er dieses Alter, so erwarten ihn noch 5,38 Lebens- oder Rentenjahre. Seine gesamte ihn erwartende (nicht diskontierte) Rente beträgt somit (lediglich) 69.593 DM (=0,47·5,38·12·2293,52 DM). Dagegen würde ihn noch ein Betrag von 216.072 DM (=0,76·10,55·12·2293,52 DM) erwarten, wenn er in seinem Leben nicht geraucht hätte. Sein "Laster" Rauchen kostet ihn somit 146.479 DM. Unterstellt man zusätzlich eine persönliche Diskontrate von 5 %, so beträgt sein Verlust 37.360 DM (im April 1995). Das entspricht dem 1,4fachen seines jetzigen Jahreslohns.

Wie stellt sich die Situation dar, wenn der eben betrachtete Sachbearbeiter verheiratet ist? Es wird angenommen, daß seine Ehefrau 10 Jahre jünger ist als er, erwerbslos und lebenslange Nichtraucherin. Für die beiden ergibt sich folgendes Bild, das in Tabelle 6.3 zusammengefaßt ist. Szenario 1 ("Er wird nicht 65 Jahre alt, sie lebt noch, wenn er stirbt.") tritt mit einer Wahrscheinlichkeit von 52 % ein, die sich wie folgt berechnet. Die jetzige Lebenserwartung des Mannes ist unter der

---

[17]Alle Angaben beziehen sich auf die Ergebnisse, die aus der Britischen Ärztestudie gewonnen wurden, und legen eine Elimination von 75 % der Überschußtodesfälle als durch Rauchen verursacht zugrunde.

[18]Vergleiche Fußnote 17.

Tabelle 6.2: Rente eines ledigen 45jährigen starken Raucher

Merkmal	starker Raucher	Nichtraucher[17]
Heutiges Einkommen	3556,44 DM	
Durchschnittl. Entgeltpunkt	1,2518	
Beitragszeiten	39,83	
Wahrscheinlichkeit 65 Jahre alt zu werden	0,47	0,76
erwartete Monatsrente	2293,52 DM	
Lebenserwartung mit 65	5,38 Jahre	10,55 Jahre
Erwartete Gesamtrente	69.593 DM	216.072 DM
Differenz	146.479 DM	

Annahme, daß er nicht 65 wird, noch 12,52 Jahre; die Wahrscheinlichkeit, daß er nicht 65 Jahre alt wird, ist weiterhin 53 %. Seine Frau ist jetzt 35 Jahre alt. Zum Zeitpunkt seines erwarteten Todes (in diesem Szenario) ist sie 47 Jahre alt. Die Wahrscheinlichkeit, daß sie als Nichtraucherin so alt wird, liegt bei 98,55 %. Die Wahrscheinlichkeit für das Eintreten von Szenario 1 beträgt somit 0,53·0,9855=51 %. Im Szenario 1 kommt es per definitionem nicht zum Bezug einer Regelaltersrente, sondern nur zum Bezug einer Witwenrente. Diese wird für die fernere Lebenserwartung der Witwe zum erwarteten Zeitpunkt seines Todes, hier also für 34,36 Jahre in Höhe von 16.513 DM jährlich gezahlt. Daraus ergibt sich die gesamte in Szenario 1 gezahlte Witwenrente von zusammen 396.642 DM. Das Vorgehen für die anderen Szenarien ist analog. Gewichtet man die erwarteten Rentenbezüge der verschiedenen Szenarien mit ihrer Eintrittswahrscheinlichkeit, so erhält man die erwartete Summe der Rentenbezüge des Ehepaares. Sie beträgt, wenn der Mann Raucher ist, insgesamt 528.911 DM Führt man die gleiche Berechnung unter der Annahme, der Mann sei wie seine Frau Nichtraucher, durch, so ergibt sich eine erwartete Summe von 543.378 DM.

Tabelle 6.3: Rente eines 45 jährigen verheirateten starken Raucher

Merkmal		starker Raucher	Nichtraucher[18]
Wahrscheinlichkeit für Szenario 1		0,52	0,24
Regelaltersrente	Höhe/Jahr	-	
	Dauer	0	0
	Bezüge insg.	0	0
Witwenrente	Höhe/Jahr	16.513 DM	
	Dauer	34,36 Jahre	34,36 Jahre
	Bezüge insg.	567.387 DM	567.387 DM
Wahrscheinlichkeit für Szenario 2		0,01	0,00
Regelaltersrente	Höhe/Jahr	-	
	Dauer	0	0
	Bezüge insg.	0	0
Witwenrente	Höhe/Jahr	-	
	Dauer	0	0
	Bezüge insg.	0	0
Wahrscheinlichkeit für Szenario 3		0,44	0,67
Regelaltersrente	Höhe/Jahr	27.522 DM	
	Dauer	5,38 Jahre	10,55 Jahre
	Bezüge insg.	148.068 DM	290.357 DM
Witwenrente	Höhe/Jahr	16.513 DM	
	Dauer	22,61 Jahre	16,86 Jahre
	Bezüge insg.	373.359 DM	278.409 DM
Wahrscheinlichkeit für Szenario 4		0,03	0,09
Regelaltersrente	Höhe/Jahr	27.522 DM	
	Dauer	5,38 Jahre	10,55 Jahre
	Bezüge insg.	148.068 DM	290.357 DM
Witwenrente	Höhe/Jahr	-	
	Dauer	0	0
	Bezüge insg.	0	0
Erw. Summe der Rentenbezüge		528.911 DM	543.378 DM
Differenz		14.467 DM	

Die Differenz beträgt mit 14.467 DM nur ein Zehntel der Differenz für den gleichen unverheirateten Mann.

Gesamtergebnisse für die gesetzliche Rentenversicherung

Die in den vorangegangenen Abschnitten beschriebene Methodik wird auf die zu Beginn des Kapitels beschriebenen Datensätze angewendet. Im folgenden wird zunächst das Szenario des status quo betrachtet, das unterstellt, daß alle Personen ihre Rauchgewohnheiten beibehalten. Weiterhin werden die unterschiedlichen Eliminationszenarien aus Kapitel 3 untersucht. Dabei wird angenommen, daß die Überschußmortalität der Raucher zu 65 %, zu 75 % und zu 90 % dem Rauchen ursächlich anzulasten ist. Es wird dabei zunächst auf die Daten der Britischen Ärztestudie eingegangen. Die Daten der Krebspräventionsstudie werden zusammen mit einer Annahmenkritik im Unterkapitel 6.3 behandelt.

Ledige

Im ersten Schritt werden die ledigen Personen betrachtet, die bis zu ihrem Renteneintritt ledig bleiben werden (vergleiche Seite 106). Abbildung 6.3 zeigt die geschätzten Rentenausgaben für diese Bevölkerungsgruppe. Die untere durchgehende Linie beschreibt den Verlauf der Regelaltersrente für die aktuelle, gemischte Bevölkerung mit ihren aktuellen Rauchgewohnheiten. Gemäß der Altersverteilung in der Gruppe (relativ jung) ist die Verteilung linksschief.

Die Rentenausgaben steigen bis zum Jahr 2037 an, um dann wieder zu fallen. Die höchsten Ausgaben an diese Gruppe betragen 46 Milliarden DM im genannten Jahr. Ähnlich verlaufen die Rentenausgaben-Kurven der drei Eliminationsszenarien. Befinden sich in der Gruppe der Ledigen keine Raucher mehr, so ergibt sich bei einer Elimination von 75 % der Überschußtodesfälle der Verlauf der zweiten durchgezogenen Linie. Die beiden anderen Szenarien, 65 %ige und 90 %ige Elimination, rahmen diese als eine Art Schätzintervall ein. Die Maxima dieser Szenarien liegen im Jahre 2038. In diesem Jahr wäre eine Ren-

Abbildung 6.3: Rentenausgaben für Personen, die beim Renteneintritt ledig sind

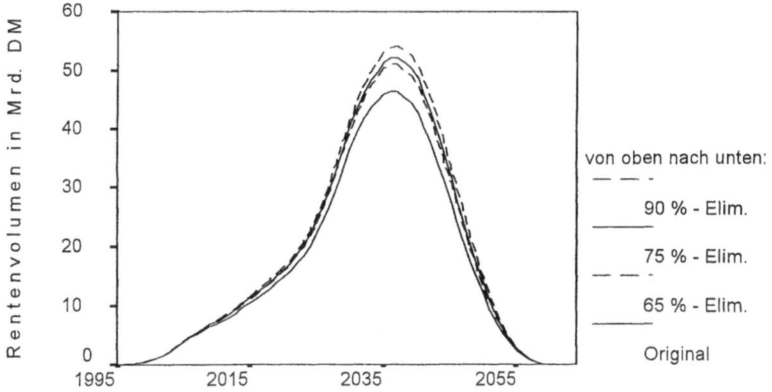

tenauszahlung von 51 Milliarden DM (65 %-Szenario), 52 Milliarden DM (75 %-Szenario) oder von 54 Milliarden DM (90 %-Szenario) fällig. Die Szenarien erreichen ihr Maximum fast alle im gleichen Jahr; der Verlauf der Rentenzahlungen ist nicht etwa - wie man vielleicht wegen der erhöheren Lebenserwartung durch Nicht-Rauchen erwartet - stark nach rechts verschoben, sondern liegt fast genau über dem Vergleichsverlauf des status quo. Dies hat zwei Gründe: Zum einen liegt der wesentliche Unterschied zwischen Rauchern und Nichtrauchern nicht darin, daß ihre Lebenserwartungen beim angenommenen Renteneintritt mit 65 Jahren so stark unterschiedlich sind. Sondern der wesentliche Unterschied liegt darin, daß sie stark von einander verschiedene Wahrscheinlichkeiten haben, dieses Alter überhaupt zu erreichen. Diese Wahrscheinlichkeiten wirken sich in der Höhe eben der abgebildeten "Erwartungskurven" aus. Zum anderen wird die erhöhte Lebenserwartung der nun nicht rauchenden Raucher durch die Nichtraucher, deren Lebenserwartung sich in den Szenarien nicht ändert, "verwischt". Die maximalen Differenzen zwischen den Nichtraucher-Szenarien und dem

Abbildung 6.4: Differenzen in den Rentenausgaben für die verschiedenen Szenarien einer Nichtraucherbevölkerung im Vergleich zur gemischten Bevölkerung (für Ledige)

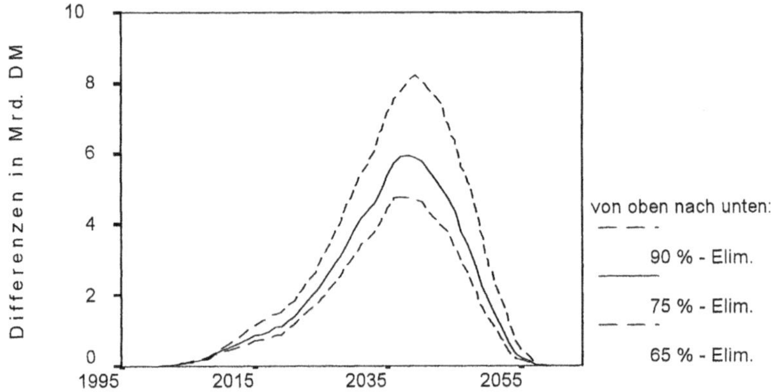

status quo finden sich im Jahre 2039/40 und betragen 4,8 Milliarden DM (65 %-Szenario), 6,0 Milliarden DM (75 %-Szenario) und 8,2 Milliarden DM (90 %-Szenario), wie sie auch in Abbildung 6.4 dargestellt sind.

Abbildung 6.5 zeigt den zum Teil unsteten Verlauf, den man erhält, wenn man nicht die absoluten Differenzen, sondern den prozentualen Mehraufwand betrachtet, was im folgenden an der Gruppe der Ledigen illustriert werden soll. Ursache dafür sind: die unterschiedliche Besetzung der Geburtsjahrgänge und die unterschiedlichen Rauchgewohnheiten in diesen Jahrgängen. Prozentual gesehen zeigt sich insgesamt ein Bild, wie es sich auch bei den anderen Gruppen darstellen wird: Der Anteil der Mehrausgaben an den Gesamtausgaben der Rentenversicherung steigt für die Ledigen mit den Jahren. Er entwickelt sich in der Regel analog zu den Raucheranteilen in den einzelnen Altersklassen. Mit zunehmendem Alter nimmt die Raucherprävalenz in der Gesamtbevölkerung ab, so daß in den ersten Jahren des be-

Abbildung 6.5: Relation der Rentenausgaben für die verschiedenen Szenarien einer Nichtraucherbevölkerung zu den Ausgaben für eine gemischte Bevölkerung (für Ledige)

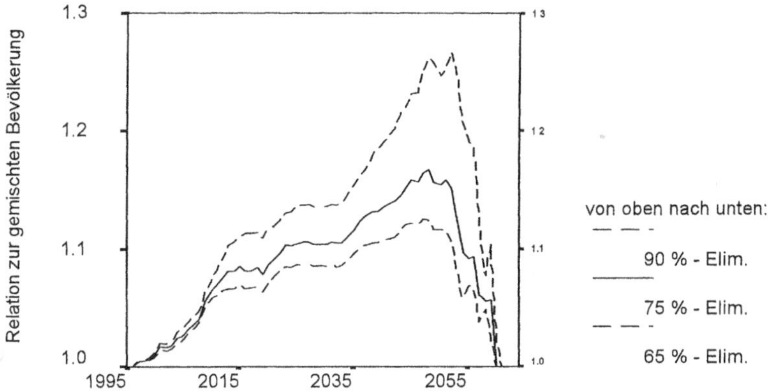

trachteten Zeitraums nur wenig Mehraufwand für "neue Nichtraucher" entsteht. In den Folgejahren, wenn zunehmend Jahrgänge mit hoher Raucherprävalenz das Rentenalter erreichen, steigt der Anteil des Mehraufwands an der gesamten Rentenzahlung. Zu Zeiten des größten Mehraufwands beträgt dieser zwischen 13 % (65 %-Elimination) und 26 % (90 %-Elimination); im Durchschnitt ergibt sich ein Mehraufwand von 7 % (65 %-Elimination), 9 % (75 %-Elimination) und 13 % (90 %-Elimination).

Verwitwete

Abbildung 6.6 zeigt die Rentenausgaben für Verwitwete. Die Grafik ist analog zu der der Ledigen aufgebaut. Im Unterschied zu den Ledigen fallen hier die meisten Renten schon zu Beginn des betrachteten Zeitraums an (rechtsschiefe Verteilung), ebenfalls bedingt durch den Altersaufbau der Gruppe: Die im Datensatz jetzt schon verwitweten Personen sind eher älter. Insgesamt beruht die Schätzung auf lediglich 1168 Personen, die in der Berichtswoche in der Angestellten- oder Arbeiterrentenversicherung pflichtversichert waren und die ihren Lebensunterhalt überwiegend aus Erwerbseinkommen bestritten. Daher sind die meisten Verwitweten nicht in den obersten Altersklassen zu finden, sondern im Alter Mitte bis Ende Fünfzig. Ältere Personen sind offensichtlich, wenn sie verwitwet sind, in der Regel nicht mehr erwerbstätig. Die Altersstruktur ist noch stärker als die der ledigen Personen unregelmäßig, was sich - wie oben - in dem Ergebnis der Rentenschätzungen bemerkbar macht.

Abbildung 6.6: Rentenausgaben für Personen, die schon verwitwet sind

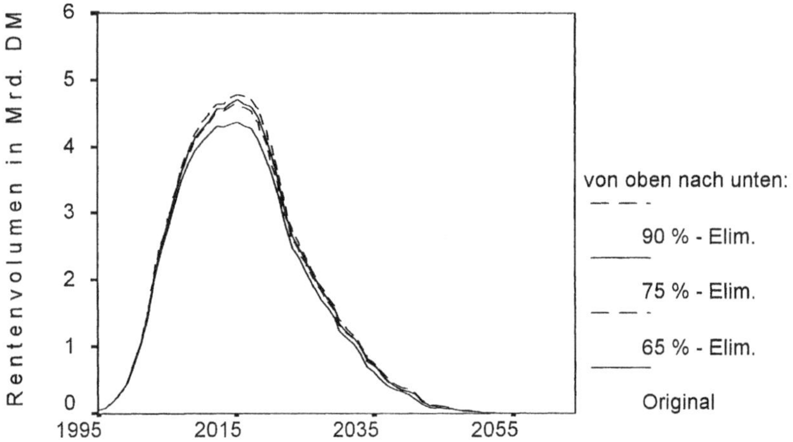

Insgesamt ist die Summe der an diese Gruppe auszuzahlenden Renten gering, wie Abbildung 6.6 zeigt. Sie liegt im höchsten Fall bei 4,4 Milliarden DM. Diese höchsten Ausgaben sind im Jahr 2016 fällig, wenn die meisten Rentner zu verzeichnen sind. In den folgenden Jahren liegt auch die größte Differenz zwischen dem Original-Szenario der gemischten Bevölkerung und den Szenarien der reinen Nichtraucher-Bevölkerung. Die Differenzen hängen stark von der Elimationsannahme ab und reichen von 269 Millionen DM im 65 %-Szenario über 336 Millionen DM im 75 %-Szenario bis hin zu 466 Millionen DM im 90 %-Szenario.

Wie schon bei den Ledigen gilt auch bei den verwitweten Personen: Mit zunehmendem Alter sinkt die Raucherprävalenz. Daher sind in den ersten Jahren die Mehrausgaben für eine Bevölkerung ohne Raucher prozentual gesehen eher gering und steigen im Laufe der Jahre an. Im Durchschnitt betragen sie 6 % (65 %-Elimination), 8 % (75 %-Elimination) und 11 % (90 %-Elimination). Der durch Nichtrauchen verursachte relative Mehraufwand an Renten ist für verwitwete Personen kleiner als für die ledigen im vorangegangenen Abschnitt, da unter den verwitweten mehr Nichtraucher und mehr Frauen sind.

Verheiratete

In diesem Abschnitt werden die "Verheirateten" untersucht. Dieser Begriff umfaßt zwei Personengruppen, nämlich zum einen die Personen, die zum Zeitpunkt der Befragung verheiratet waren, und zum anderen – mittels entsprechender Hochrechnungsfaktoren – die Personen, die zum Befragungszeitpunkt noch ledig waren, von denen aber angenommen wird, daß sie bis zum Renteneintritt noch heiraten werden. Die damit durchgeführten Veränderungen in der Altersstruktur für Männer zeigt Abbildung 6.7. Die verheirateten Personen werden zuerst aus der Sicht der erwerbstätigen Männer und danach aus der Sicht der erwerbstätigen Frauen betrachtet.

Aufgrund der gegebenen (Alters)Struktur im Datensatz ist die Verteilung der Regelaltersrenten bei den verheirateten Männer zweigipflig. Die Altersstruktur aus Abbildung 6.7 führt in dieser Personengruppe zu der in Abbildung 6.8 dargestellten Verteilung der Renten. Um die Wirkung der altersgebundenen Hochrechnung zu verdeutlichen, zeigt Abbildung 6.8 zum einen die berechneten Rentenausgaben, wenn man berücksichtigt, daß einige Ledige noch heiraten, und zum anderen, wenn man das nicht berücksichtigt. Die durchgezogenen Linien (Alters- und Witwenrente 1) zeigen den Verlauf der Renten, wie er im folgenden auch verwendet wird, nämlich an das Alter gebun-

Abbildung 6.7: Alterstruktur der verheirateten Männer

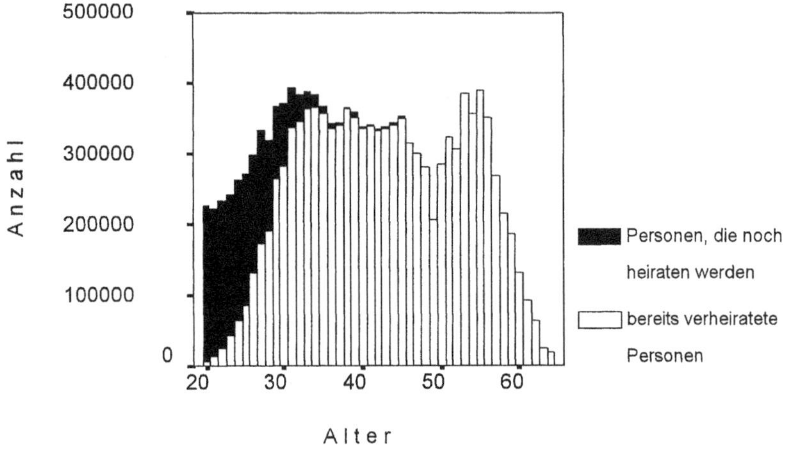

den hochgerechnet. Die gestrichelte Linie (Alters- und Witwenrente 2) zeigt den Verlauf, wenn man nur die zum Beobachtungszeitpunkt 1995 verheirateten Männer betrachtet. Bis zum Jahre 2019 sind die Zugänge zur Rente größer als die Abgänge. Danach ist das Verhältnis umgekehrt, nur unterbrochen von der zweiten Spitze, die auftritt, wenn die schwach besetzten Geburtsjahrgänge Mitte bis Ende der 40er Jahre, das Rentenalter erreichen. Das sind die Männer, die 1995 ca. 50 Jahre alt sind. Witwenrenten werden erst mit Verzögerung fällig. Die Auszahlung von Witwenrenten erreicht ihr Maximum nach dem Maximum der Regelaltersrente. Die längere Verweildauer der Witwen in der Witwenrente (als die der Männer in der Regelaltersrente) glättet die "Delle", die die Verteilung der Regelaltersrenten kennzeichnet.

Betrachtet man die verschiedenen Szenarien der Elimination des Rauchens, so ergibt sich Abbildung 6.9. Die Aufwendungen für die Regelaltersrente verheirateter Männer erreicht 2019 das erste Maximum mit 89,5 Milliarden DM. Nach zwischenzeitlichem Sinken kommt es

Abbildung 6.8: Regelaltersrente und Witwenrente für verheiratete Männer und deren Ehefrauen (Struktur)

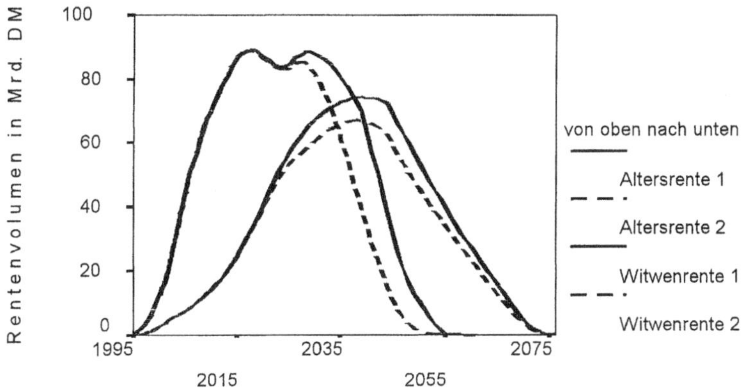

Abbildung 6.9: Regelaltersrente (AR) und Witwenrente (WR) für verheiratete Männer und deren Ehefrauen in den verschiedenen Szenarien

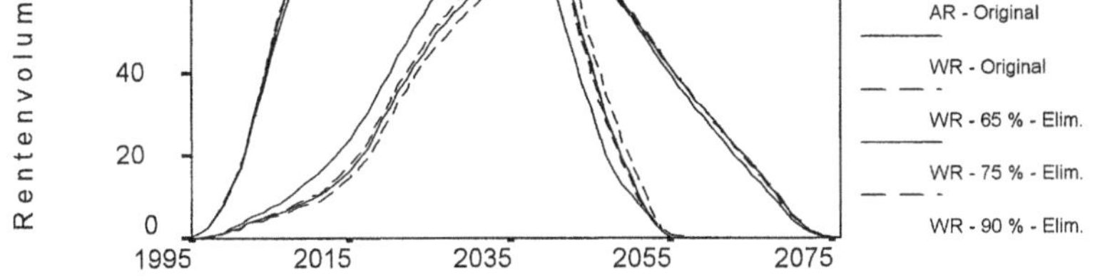

zu einem neuen Maximum von 88,7 Milliarden DM im Jahre 2030. Der Aufwand für Regelaltersrente steigt in allen drei Szenarien unterschiedlich stark (Abbildung 6.10). Die Aufwendungen für Witwenrenten erreichen ihr Maximum mit 75 Milliarden DM im Jahre 2042. Im Gegensatz zu den Regelaltersrenten verändern sich die Witwenrenten nicht einheitlich. Hier stehen sich zwei Wirkungen gegenüber. Zum einen sinkt durch das Nicht-Rauchen der Ehemänner die Wahrscheinlichkeit, daß die Ehefrau überhaupt Witwe wird. Gleichzeitig steigt die Wahrscheinlichkeit, daß dies relativ spät geschieht. Das führt zu weniger Wiwenrenten. Zum anderen werden die Raucherinnen unter den Ehefrauen ebenfalls zu Nichtraucherinnen. Ihre Wahrscheinlichkeit, ein bestimmtes Alter (in dem sie Witwe werden können) zu erreichen steigt. Gleichzeitig steigt ihre Lebenserwartung zu diesem Zeitpunkt. Dies kann bei Frauen einen beträchtlichen Unterschied machen, da sie auch relativ jung Witwe werden können. Die geschilderten Effekte addieren sich zu folgendem Verlauf: Die Summe der zu zahlenden Witwenrenten sinkt in etwa bis zum Jahre 2046 bis 2051 (je nach Szenario). Danach steigt sie - allerdings um einen kleineren Betrag als sie vorher gesunken ist - an. Hier unterscheiden sich die Szenarien kaum noch. Dies liegt daran, daß sich die Veränderung in der Lebenserwartung mit zunehmenden Alter bei den verschiedenen Szenarien nicht mehr stark unterscheidet.

Abbildung 6.10 zeigt die Differenzen in den Rentenausgaben für die verschiedenen Szenarien für Regelaltersrente und Witwenrente. Positive Zahlen entsprechen Mehrausgaben im Falle einer nicht-rauchenden Bevölkerung, negativ abgetragene Zahlen entsprechen Minderausgaben. Die Grafik spiegelt die Gegebenheiten aus Abbildung 6.9 wider. Saldiert ergeben sich die größten Mehrausgaben durch Nicht-Rauchen mit 10,6 Milliarden DM (65 %-Elimination der Überschußmortalität), 11,4 Milliarden DM (75 %-Elimination) und 15,7 Milliarden DM (90 %-Elimination).

Die gleichen Berechnungen werden für die verheirateten erwerbstätigen Frauen durchgeführt. Dabei zeigt sich ein anderes Bild als im eben

Abbildung 6.10: Differenzen in der Regelaltersrente (AR) und Witwenrente (WR) gegenüber der gemischten Bevölkerung für verheiratete Männer und deren Ehefrauen in den verschiedenen Szenarien

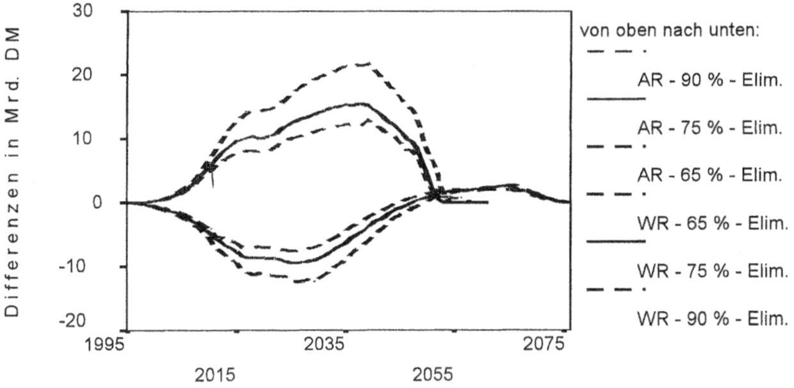

geschilderten Fall der Männer. Die Verteilung der Regelaltersrente ist wie die zugrundeliegende Altersverteilung nur eingipflig und erreicht ihr Maximum mit 62,0 Milliarden DM im Jahr 2031 für das Originalszenario. Eliminiert man Rauchen als Todesursache, so ergeben sich aufgrund der im Vergleich zu Männern geringeren Raucherprävalenz und Überschußmortalität von Frauen bezüglich des Rauchens nur geringe Mehrausgaben für die Regelaltersrente bei den Frauen. Der höchste Wert ergibt sich im Jahre 2040 und beträgt selbst im Falle der 90 %-igen Elimination der Überschußtodesfälle nur knapp 3 Milliarden DM im Vergleich zu 15,7 Milliarden DM bei den erwerbstätigen verheirateten Männern. Wie im Falle der Regelaltersrente für Männer steigt auch bei den Frauen der Anteil der Mehrausgaben an den Gesamtausgaben im Laufe der Jahre aufgrund der höheren Raucherprävalenz in den heute jüngeren Altergruppen der Frauen kontinuierlich bis zu einem Höchstwert von 1,3 im Jahr 2056 im Falle der 90 %-igen Elimination an.

Abbildung 6.11: Regelaltersrente und Witwerrente für verheiratete Frauen und deren Ehemänner in den verschiedenen Szenarien

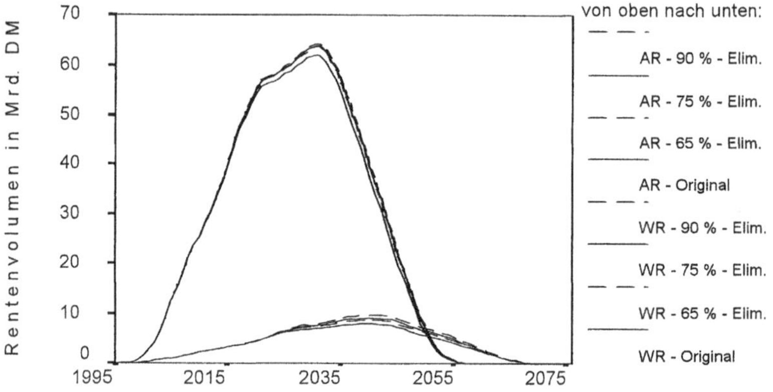

Die Ausgaben für die Witwerrente der Ehemänner verhalten sich anders als die für die Witwenrenten der Ehefrauen im vorigen Abschnitt. Sie sind insgesamt bedeutend niedriger, was allein daran liegt, daß es aufgrund der niedrigeren Lebenserwartung von Männern wahrscheinlicher ist, daß die Ehefrau den Ehemann überlebt, als umgekehrt. Das Maximum erreicht die Witwerrente im Jahr 2041 später als das Maximum der Regelaltersrente der Frauen im Jahr 2032. Wie im Falle der Ehefrauen kommt es hier bei den Ehemännern ebenfalls zu zwei Effekten: Zum einen steigt die Lebenserwartung und Rentenwahrscheinlichkeit der versicherten Personen, hier der Frauen, an, so daß ein größerer Zeitraum durch Regelaltersrente abgedeckt wird und weniger Witwerrente fällig wird. Zum anderen steigt die Lebenserwartung und die Wahrscheinlichkeit, ein bestimmtes Alter zu erreichen, auch bei den potentiellen Witwern an. Im hiesigen Fall überwiegt – im Gegensatz zum obigen Fall der Witwen – zu jedem Zeitpunkt der zweite Effekt. Die Elimination von Rauchen als Todesursache steigert die Lebenserwartung der versicherten Frau und ebenso des Ehemannes,

Abbildung 6.12: Differenzen in der Gesamtrente gegenüber der gemischten Bevölkerung für verheiratete Frauen und deren Ehemänner in den verschiedenen Szenarien

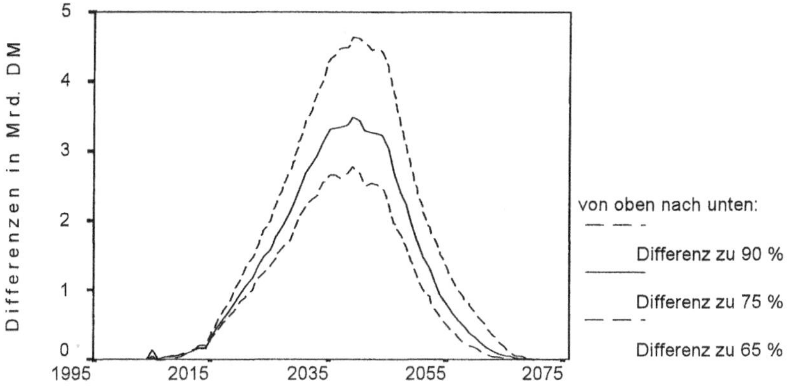

wenn es sich um eine Raucher-Ehe handelt. Letztere steigt stärker, da die Anzahl der eliminierten Überschußtodesfälle bei Männern höher ist als bei Frauen. Außerdem kommt die höhere Raucherprävalenz der Männer im Vergleich zu Frauen hinzu, so daß es im Falle der versicherten Frauen und ihrer Witwer durch Elimination von Rauchen als Todesursache zu einem Mehraufwand sowohl für die Regelaltersrente als auch für die Witwenrente kommt. Die Summe dieser beiden Effekte ist in Abbildung 6.12 dargestellt.

Gesamtergebnis

Die Gesamtsumme an Regelaltersrenten, die 1997 von der gesetzlichen Rentenversicherung ausgezahlt wurde, betrug 135 Milliarden DM (vergleiche Kapitel 4.1 S. 66); für Witwenrenten wurden 65 Milliarden DM ausgegeben. Insgesamt betrugen also die Ausgaben für Rentenzahlungen für diese beiden Rentenarten 200 Milliarden DM. Addiert man alle in den vorigen Abschnitten berechneten Rentenzahlungen, so erhält man für das Originalszenario der gemischten Bevölkerung den Verlauf der Rentenausgaben, wie es in Abbildung 6.13 dargestellt ist.

Abbildung 6.13: Die errechnete Gesamtrente und Regelaltersrente

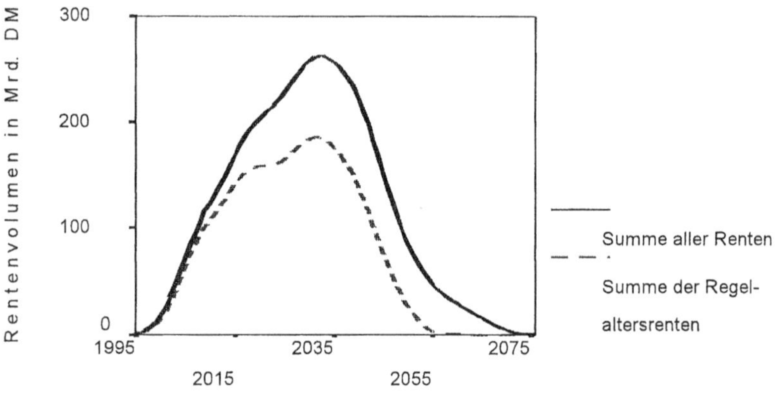

Die 200 Milliarden DM-Marke ist in der Simulation erst im Jahre 2020 erreicht. Bis zu diesem Zeitpunkt fehlen aber die Renten von Personen, die 1995 zum Zeitpunkt der Befragung bereits Rentner waren. Da beispielsweise Frauen im Alter von 65 Jahren noch eine fernere Lebenserwartung von fast 20 Jahren haben und bislang die Möglichkeit haben, bereits mit 60 Jahren in Rente zu gehen, sind die Rentenzahlungen der Simulation bis etwa zum Jahr 2020 untererfaßt. Somit sind die Ergebnisse bis zum Jahre 2020 nicht mit den tatsächlichen Rentenzahlungen vergleichbar. Im Jahr 2020 stimmen die Schätzungen ungefähr mit der 1997 gezahlten Rentensumme überein. Unter der Berücksichtigung der Tatsache, daß die geschiedenen Personen fehlen, scheint die Schätzung der Rentenzahlungen etwas zu hoch zu sein, was an der zu hohen Zahl an Beitragsjahren für Personen aus den oberen Einkommensklassen liegen kann. Sie haben in der Regel eine überdurchschnittlich lange (Aus-)Bildungszeit und damit eine unterdurchschnittliche Zahl an Erwerbsjahren.

Daß danach die Rentenausgaben weiter steigen und nach ihrem Maximum im Jahre 2033 wieder fallen, mag - trotz Schätzung des Lebenseinkommensverlaufs - an dabei nicht gemessenen Kohorteneffekten liegen.

Auf der anderen Seite fehlen ab dem Jahr 2045 Rentenausgaben in der Schätzung. Es kann nämlich davon ausgegangen werden, daß beispielsweise Studenten möglicherweise erst nach ihrem 30. Lebensjahr erwerbstätig werden. Will man ein möglichst realitätsnahes Bild von den Wirkungen eines Tabakverzichts auf die Ausgaben der gesetzlichen Rentenversicherung haben, sollte man daher nur die Jahre 2020 bis 2045 betrachten, was im folgenden geschehen soll. Der Anteil der Witwenrente an der Gesamtsumme der Ausgaben liegt in diesen Jahren knapp unter 30 %. 1997 betrug dieser Anteil tatsächlich 33 %.

Abbildung 6.14 zeigt die Summe aller Regelaltersrenten und Abbildung 6.15 die Summe der Witwenrenten. Dabei zeigt jeweils die untere Linie das Orginalszenario einer gemischten Bevölkerung und die drei darüberliegenden Linien die drei Eliminationsszenarien. Die sich aus beiden ergebenden Gesamtdifferenzen sind in Abbildung 6.16 dargestellt. Die maximale ermittelte Differenz pro Jahr beträgt 33,1 Milliarden DM beim 90 %-Eliminationsszenario im Jahr 2040.

Wie bereits angedeutet, sollen Durchschnitte aus den geschätzten Werten für die Jahre 2020 bis 2045 gebildet werden, um ein mit der Realität vergleichbares Ergebnis zu erhalten. Für diesen Zeitraum erhält man durchschnittliche absolute Differenzen zwischen 14,2 Milliarden DM (65 %-Elimination) und 21,4 Milliarden DM (90 %-Elimination). Das sind jeweils 6 % und 9 % der Rentenausgaben, die für die gemischte Raucher-Nichtraucher-Bevölkerung durchschnittlich in diesem Zeitraum aufgewendet werden müssen. Wendet man diese Anteile auf die tatsächlichen Ausgaben 1997 an, so erhält man Mehrausgaben zwischen 12 und 18 Milliarden DM.

Abbildung 6.14: Die errechnete Gesamt-Regelaltersrente für alle Szenarien

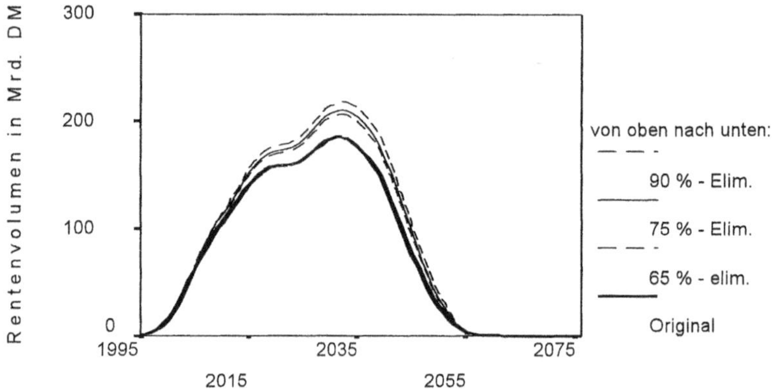

Abbildung 6.15: Die errechnete Gesamt-Witwenrente für alle Szenarien

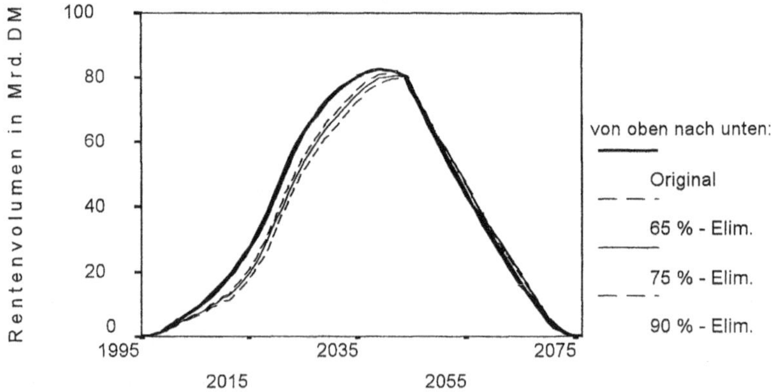

Abbildung 6.16: Die errechneten Mehrausgaben für die Gesamtrente

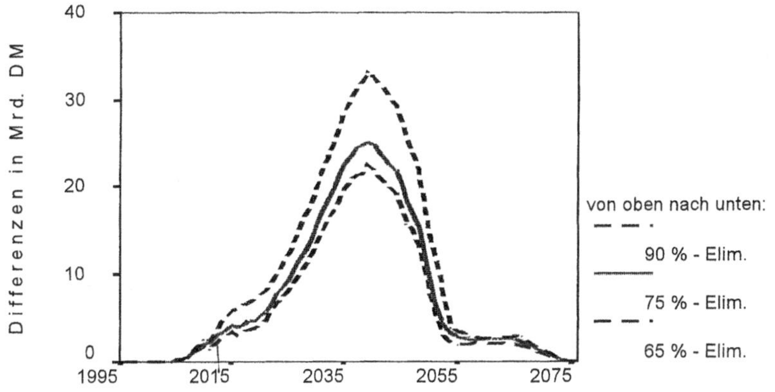

6.3 Sensitivitätsanalyse und Kritik

Die hier vorliegenden Ergebnisse wurden unter einer Reihe von Annahmen erzielt. Eine der umstrittensten ist sicherlich die Hypothese über die Kausalität zwischen Rauchen und Mortalität. Im vorangehenden Kapitel wurden alle Berechnungen für drei verschiedene Annahmen durchgeführt: Rauchen ist die Ursache von 65 %, von 75 % bzw. von 90 % der für Raucher festgestellten Überschußmortalität. Die folgenden Tabellen zeigen die Schwankungen der Ergebnisse in Abhängigkeit der Wahl des Kausalitätsanteils. In den Tabellen werden auch die Ergebnisse für die Krebspräventionsstudie dargestellt.

Es zeigt sich, daß die Ergebnisse kaum davon abhängen, welche der beiden verwendeten Studien – Britische Ärztestudie oder amerikanische Krebspräventionsstudie – man den Berechnungen zugrunde legt. Sowohl die absoluten als auch die relativen Ergebnisse sind fast identisch. Wie ähnlich die erwarteten Rentenverläufe sind, zeigt noch einmal Abbildung 6.17 für verheiratete Männer und deren Ehefrauen.

Tabelle 6.4: Maximale Mehrausgaben pro Jahr absolut und in Prozent des Originalszenarios

	Britische Ärztestudie		Krebspräventionsstudie	
Elimination	absolut	Prozent	absolut	Prozent
90 %	33,1 Mrd. DM	20 %	33,3 Mrd. DM	21 %
75 %	25,5 Mrd. DM	14 %	25,6 Mrd. DM	16 %
65 %	22,5 Mrd. DM	12 %	21,3 Mrd. DM	13 %

Tabelle 6.5: Durchschnittliche Mehrausgaben in den Jahren 2020 bis 2045 absolut und in Prozent des Originalszenarios

	Britische Ärztestudie		Krebspräventionsstudie	
Elimination	absolut	Prozent	absolut	Prozent
90 %	21,4 Mrd. DM	9,4 %	21,9 Mrd. DM	9,6 %
75 %	16,4 Mrd. DM	7,2 %	16,9 Mrd. DM	7,4 %
65 %	14,3 Mrd. DM	6,2 %	14,1 Mrd. DM	6,2 %

In hohem Maße sind die Ergebnisse erwartungsgemäß allerdings davon abhängig, welchen Teil der Überschußmortalität man dem Rauchen kausal zuordnet. Das verwendete Intervall von 65 % bis 90 % ist breit gewählt, so daß die Ergebnisse in hohem Maße variabel erscheinen. Bezüglich der Wahl des Kausalitätsanteils sind sie das auch. Letztlich zeigt das aber nur, welches große Potential überhaupt in der Elimination dieser Todesursache liegt. Insgesamt wurde in Kapitel 3 äußerst konservativ vorgegangen: Die Mortalitätsquotienten wurden generell abgerundet; bei der Erstellung der unterschiedlichen Sterbetafeln von Rauchern und Nichtrauchern wurden die viel zu niedrigen Raucheranteile, die der Mikrozensus erfaßt, zugrunde gelegt.

Im folgenden werden zum Abschluß die ausdrücklich verwendeten, aber auch die implizit im Datensatz enthaltenen Prämissen und de-

Abbildung 6.17: Britische Ärztestudie (durchgezogene Linie) und amerikanische Krebspräventionsstudie im Vergleich: Verheiratete Männer und Ehefrauen im Originalszenario und bei einer 75 %-Elimination

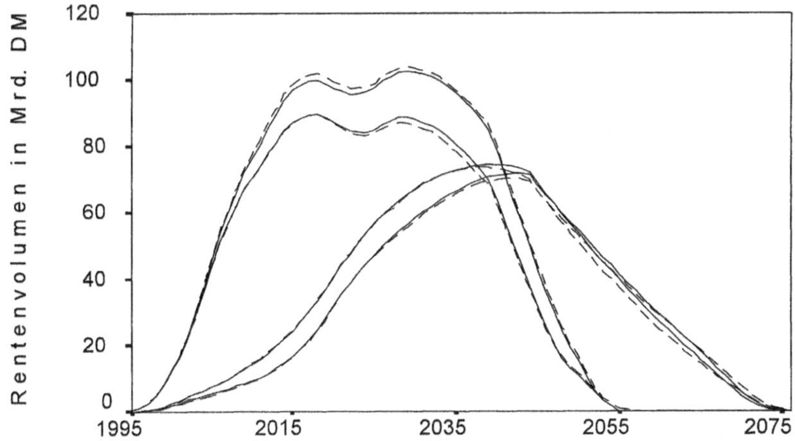

ren möglicher Einfluß auf das Ergebnis noch einmal diskutiert. Die meisten der sozialen Indikatoren, die bei Rauchern systematisch vom Durchschnitt der Bevölkerung abweichen, sind im Datensatz enthalten. So haben Raucher im Durchschnitt ein niedrigeres Einkommen als Nichtraucher (vgl. Seite 90), was ihren Rentenanspruch senkt. Eine Ursache könnte das niedrigere Bildungsniveau von Rauchern sein. Dies ist nur ein Beispiel für eine Korrelation von sozialen Merkmalen und Rauchen, die in der vorliegenden Arbeit zwar nicht ausdrücklich untersucht wurde, aber durch die Wahl des Mikrozensus als Datengrundlage automatisch berücksichtigt wurde.

Daß Exraucher und Nicht-Zigarettenraucher in der Schätzung wie Nichtraucher behandelt wurden, dürfte aufgrund ihrer geringen Zahl[19] keine Auswirkungen auf das Ergebnis haben. Allerdings erfaßt der Mi-

[19]Mehr als 96 % aller Raucher sind Zigarettenraucher.

krozensus nur 60 % des gesamten deutschen Zigarettenkonsums. Eine korrekte Erfassung könnte die berechneten Mehrausgaben der Rentenversicherung in einer Raucherlosen Gesellschaft theoretisch also fast verdoppeln. Dem steht allerdings gegenüber, daß die Berechnungen davon ausgehen, daß niemand aufhört zu rauchen. Die vielen Exraucher, von denen es in den oberen Altersklassen viele gibt, zeigen aber, daß das unrealistisch ist. Wie stark das Ergebnis davon beeinflußt ist, ist schwer abzuschätzen, da dies davon abhängt, wieviele Menschen tatsächlich aufhören zu rauchen und wann sie das nach wievielen Jahren tun.

Die Zahl der Beitragsjahre konnte nicht aus dem Mikrozensus heraus berechnet werden, da dieser eine reine Querschnittbetrachtung ist. Die durchschnittlichen Beitragsjahre sind nur nach Geschlecht, nach Status und getrennt für die neuen und alten Bundesländer verwendet worden, wie sie der Verband Deutscher Rentenversicherungsträger ermittelt. Auch auf Personen mit hohen Einkommen und damit wahrscheinlich langen Ausbildungszeiten wurde die durchschnittliche Beitragszeit angewendet. Bezüglich der Beitragsjahre gibt es für Raucher sehr unterschiedliche Effekte. Zum einen führt das niedrigere Bildungsniveau der Raucher zu einer größeren Anzahl von Beitragsjahren. Auf der Gegenseite führen vermehrte Zeiten der Arbeitslosigkeit (bei niedrigerem Bildungsniveau) und häufigere "Ausfälle" durch Krankheiten, vor allem zum Ende des Erwerbslebens, zu einer eher niedrigeren Anzahl an Beitragsjahren. Der Nettoeffekt läßt sich ad hoc nicht bestimmen.

Die in Tabelle 5.3, Seite 93 dokumentierte, unterschiedliche Häufigkeit von Raucher-, Nichtraucher- und gemischten Ehen beeinflußt das Ergebnis nicht. Entscheidend ist lediglich die Anzahl der verheirateten Raucher und Nichtraucher insgesamt. Mit wem diese verheiratet sind, hat keinen Einfluß auf die Rentenberechnungen.

Die vorliegende Arbeit betrachtet nur die Ausgabenseite der gesetzlichen Rentenversicherung. Die Gegenseite, nämlich die Einnahmen, durch die die gesetzliche Rentenversicherung ihre Ausgaben fast vollständig finanzieren muß, bleibt unbeachtet. Daher bleibt das Modell eine Partialanalyse, die keinen ausgeglichenen Haushalt sicherstellt. Weiterhin unterbleibt eine Gegenrechnung der Ausfälle von Beiträgen zur Gesetzlichen Rentenversicherung durch den frühzeitigen Tod der Raucher, wie sie Leu und Schaub (1983b) für die Krankenversicherung in der Schweiz vornehmen. Eine solche zu (re)konstruieren wäre äußerst aufwendig und eher unzuverlässig.

Einige weitere Aspekte und Komponenten des deutschen Rentenversicherungswesens konnten nicht berücksichtigt werden. So wurden Waisenrenten völlig ausgeklammert. Vermehrte frühe Todesfälle durch Rauchen führen zu mehr Waisenrenten für noch (wirtschaftlich) abhängige Kinder. Von der Einbeziehung der Waisenrenten wurde aus Gründen der hohen Prognoseungenauigkeit abgesehen. Zweifellos würde ihre Berücksichtigung den gemessenen Mehraufwand für die Rentenversicherung durch Nichtrauchen mindern. Angesichts ihrer geringen Zahl - nur 2 % aller Renten sind Waisenrenten - ist die Auswirkung für die vorliegenden Berechnungen jedoch vernachlässigbar.

Desweiteren könnte der Anteil der durch Rauchen verursachten Fälle bei Rehamaßnahmen, bei Frühverrentungen wegen Arbeits- und Erwerbsunfähigkeit sowie unter Umständen auch bei der Schwerbehindertenrente hoch sein. Weniger Rauchen in der Gesellschaft würde diese Komponenten der Rentenversicherung möglicherweise spürbar entlasten. Es handelt sich dabei also wahrscheinlich um einen gegenläufigen Effekt zu dem in dieser Arbeit quantifizierten Aspekt der Regelaltersrente und der Witwenrente.

Ferner spielte das Passivrauchen in den Berechnungen keine Rolle. Es gibt zu wenige zuverlässige Studien auf diesem Gebiet. Weiterhin hätte lediglich die Möglichkeit bestanden, einen Teil des Passivrauchens, nämlich den, der zu Hause in der Familie stattfindet, zu berücksichtigen. Es wurden nur Zigarettenraucher betrachtet; andere Tabakkonsumenten, wie zum Beispiel Pfeifenraucher, wurden nicht in die Berechnungen einbezogen. Leu und Schaub (1983a) wandeln den sonstigen Tabakkonsum in sogenannte Zigarettenäquivalente um und beziehen diesen damit voll in ihre Berechnungen ein. Darauf wurde in dieser Arbeit aufgrund der mangelnden Sicherheit solcher Übertragungen verzichtet. Da der überwiegende Teil des Tabakkonsums in Deutschland in der Form von Zigaretten stattfindet, wurden die sonstigen Raucher, wie auch die ehemaligen Raucher, in der vorliegenden Arbeit nicht berücksichtigt.

Schließlich konnten einige gesellschaftliche Entwicklungen keine Berücksichtigung finden: die steigende Erwerbstätigkeit von Frauen führt zu Doppelverdiener-Ehen, in denen die Hinterbliebenenversorgung der Witwe keine Rolle mehr spielt. Somit wird der hier gemessene Effekt steigen, da Witwenrenten entfallen. In die gleiche Richtung wirken weiter sinkende Heiratsziffern: ohne Ehe keine Witwenrente.

"Things are pretty mixed up, but I think the worst is over"

(Tex Fehlermeldung)

Kapitel 7

Schlußbemerkungen

Die vorliegende Arbeit hat die Auswirkungen des Rauchens auf die deutsche Rentenversicherung zum Thema. Welche Auswirkungen hätte es, wenn Rauchen als mittelbare Todesursache in Deutschland wegfiele? Als mittlere Schätzung wurden unter der Annahme, daß 75 % der insgesamt für Rauchen ermittelten Überschußmortalität dem Rauchen auch ursächlich anzulasten sind, 16 Milliarden DM pro Jahr ermittelt. Unter den alternativen Annahmen, daß Rauchen 65 % bzw. 90 % der Überschußsterblichkeit verursacht, wurde ein Korridor von 14 bis 21 Milliarden DM pro Jahr berechnet. Somit stellt die Studie auf rein monetäre Größen im Rahmen der bestehenden gesetzlichen Regelungen (status quo) ab. Der jetzt schon herrschende Reformdruck würde durch den erhöhten Finanzbedarf in einer nichtrauchenden Gesellschaft weiter zunehmen. Folge davon wären zum einen weiter steigende Beitragssätze, die eine grundlegende Reform der deutschen Rentenversicherung, wie sie heute schon diskutiert wird, immer wahrscheinlicher machen würde. Als Schlagwörter seien hier nur das Kapitaldeckungsverfahren und die immer wieder ins Spiel gebrachte Grundrente genannt. Die Partei der Grünen stellte jüngst auch die Hinterbliebenenversorgung von Witwen in Frage - eine Konsequenz aus der zunehmenden Anzahl von Doppelverdiener-Ehen.

"Danke, daß Sie hier rauchen." heißt der Titel eines Romans von Christopher Buckley aus dem Jahre 1998, in dem es um die amerikanische Tabaklobby geht. "Danke, daß Sie (hier) rauchen.", das könnte der Schluß sein, den man aus der hier vorliegenden Arbeit leichtfertig ziehen könnte. Aber: Rauchende Leser, die sich nach dem Lesen der Arbeit als Retter der gesetzlichen Rentenversicherung sehen, sollten die Ergebnisse des Kapitels 3 noch einmal genau studieren. Denn: Die "Sanierung" der Rentenversicherung durch Rauchen hat einen hohen Preis von vielen Lebensjahren, die durch entsprechende Aufklärung und Information gewonnen werden können. Gerade die Kenntnis der Größenordnung der hohen Zusatzkosten eines Rauchverzichts durch die Gesellschaft kombiniert mit der Tatsache, daß Mortalität sich langsam und kontinuierlich und nicht sprunghaft ändert, eröffnet der Gesellschaft die Möglichkeit, notwendige Reformen des Sozialsystems rechtzeitig und durchdacht vorzunehmen.

Anhang A

Internationale Klassifikation der Krankheiten, Verletzungen und Todesursachen (ICD 9)

In diesem Anhang werden die wichtigsten Gruppen der ICD 9 vorgestellt und alle im Anhang B relevanten Kategorien definiert.

I.	**Infektiöse und parasitäre Krankheiten**
011	Lungentuberkulose
II.	**Neubildungen**
140-149	Bösartige Neubildungen der Lippe, der Mundhöhle und des Rachens
150	Bösartige Neubildungen der Speiseröhre
151	Bösartige Neubildungen des Magens
154	Bösartige Neubildungen des Rektums, der Übergangsstelle des Colon sigmoideum in des Rektum und des Anus
157	Bösartige Neubildungen der Bauchspeicheldrüse
161	Bösartige Neubildungen des Kehlkopfes

162	Bösartige Neubildungen der Luftröhre, der Bronchien und der Lunge
188	Bösartige Neubildungen der Harnblase
189	Bösartige Neubildungen der Niere sowie sonstiger und n.n.bez. Harnorgane
III.	**Endokrinopathien, Ernährungs- und Stoffwechselkrankheiten sowie Störungen im Immunitätssystem**
IV.	**Krankheiten des Blutes und der blutbild. Organe**
V.	**Psychiatrische Krankheiten**
VI.	**Krankheiten des Nervensystems und der Sinnesorgane**
VII.	**Krankheiten des Kreislaufsystems**
401-405	Hypertonie und Hochdruckkrankheiten
410-414	Ischämische Herzkrankheiten
415	Akute pulmonale Herzkrankheit
430	Subarachnoidalblutung
431	Intrazerebrale Hämorrhagie
432	Sonstige und n.n.bez. intrakranielle Blutungen
440	Arteriosklerose
441	Aortenaneurysma
VIII.	**Krankheiten der Atmungsorgane**
480-486	Pneumonie und Grippe
486	Grippe
490-496	Chronische obstruktive Lungenkrankheiten und verwandte Affektionen
IX.	**Krankheiten der Verdauungsorgane**
533	Ulcus pepticum ohne Angabe des Sitzes
571	Chronische Leberkrankheit und -zirrhose
X.	**Krankheiten der Harn- und Geschlechtsorgane**

XI. Komplikationen der Schwangerschaft, bei Entbindung und im Wochenbett

XII. Krankheiten der Haut und des Unterhautzellgewebes

XIII. Krankheiten des Skeletts, der Muskeln und Bindegewebes

XIV. Kongenitale Anomalien

XV. Bestimmte Affektionen, die ihren Ursprung in der Perinatalzeit haben

XVI. Symptome und schlecht bezeichnete Affektionen

XVII. Verletzungen und Vergiftungen

960-979 Vergiftungen durch Drogen, Medikamente, Seren und Impfstoffe

Zusatzklassifikation der äußeren Ursachen bei Verletzungen und Vergiftungen

E950-E959 Selbstmord und Selbstbeschädigung

Anhang B

Todesursachenstatistik für die Bundesrepublik Deutschland 1993/95

Die folgenden Tabellen enthalten die Verteilung aller Todesursachen, die im Zusammenhang mit den beiden epidemiologischen Studien, Britische Ärztestudie und Krebspräventionsstudie II, in Kapitel 3 behandelt wurden. Sie dient dazu, einen Überblick über die Bedeutung der verschiedenen Todesursachen in der Bundesrepublik zu schaffen. Um die Tabellen nicht zu umfangreich werden zu lassen, wurden lediglich jeweils ICD-Nummern und eine Kurzbezeichnung der Todesursache in der Tabelle selbst angegeben. Die zur exakten Identifizierng notwendigen ausführlichen Originalbenennungen finden sich im vorangehenden Anhang A. Die Todesursachen werden für Männer und Frauen getrennt und für die üblichen Altersklassen ausgewiesen.

Tabelle B.1: Todesursachenstatistik Männer 1993/95

Intervall	Altersklasse	Alle Ursachen ICD 001-999	Lungentuberkulose ICD 011	Krebs d. Lippe, d. Mundhöhle u. d. Rachens ICD 140-149	Speiseröhren krebs ICD 150	Magen krebs ICD 151	Enddarmkrebs etc. ICD 154	Bauchspeicheldrüsenkrebs ICD 157	Kehlkopfkrebs ICD 161
1	0-1	2488	0	0	0	0	0	0	0
2	1-5	635	0	0	0	0	0	0	0
3	5-10	419	0	0	0	0	0	0	0
4	10-15	435	0	1	0	0	0	0	0
5	15-20	1647	0	1	0	1	0	0	0
6	20-25	2774	0	3	1	5	1	2	1
7	25-30	3664	2	3	2	11	4	4	1
8	30-35	4869	4	12	8	32	11	10	2
9	35-40	6269	13	61	24	65	26	33	10
10	40-45	8471	15	208	84	127	50	71	44
11	45-50	10596	16	356	184	198	103	152	93
12	50-55	20346	29	652	405	405	279	382	193
13	55-60	31267	43	782	538	698	476	573	243
14	60-65	38832	43	586	511	891	568	727	245
15	65-70	48046	62	424	445	1172	652	826	226
16	70-75	53604	63	300	336	1269	681	799	171
17	75-80	44058	42	133	168	978	464	522	99
18	80-85	65530	65	138	192	1261	589	578	109
19	85-90	46403	37	74	106	734	378	285	59
20	über 90	21617	10	29	45	250	124	92	19
Insgesamt		411971	446	3764	3048	8098	4407	5056	1514

Quelle: Mittelung der Todesursachenstatistiken des Statistischen Bundesamtes 1993-1995

Tabelle B.1: Todesursachenstatistik Männer 1993/95 (Fortsetzung)

Intervall	Altersklasse	Luftröhren-, Bronchien-, Lungenkrebs ICD 162	Harnblasenkrebs ICD 188	Hypertonie und Hochdruckkrankheiten ICD 401-405	Ischämische Herzkrankheiten ICD 410-414	Akute pulmonale Herzkrankheiten ICD 415	Subarachnoidalblutung ICD 430	Intrazerebrale Hämorrhagie u.a. ICD 431-432
1	0-1	2	0	1	0	0	0	0
2	1-5	0	0	0	0	1	1	3
3	5-10	0	0	0	0	0	2	3
4	10-15	0	0	1	0	1	3	4
5	15-20	2	0	1	6	1	6	3
6	20-25	6	0	2	19	5	9	10
7	25-30	11	1	5	52	10	20	14
8	30-35	39	3	11	156	24	34	32
9	35-40	112	10	23	421	28	46	61
10	40-45	351	17	52	894	57	62	104
11	45-50	733	39	64	1469	59	61	156
12	50-55	1982	99	162	3299	111	84	267
13	55-60	3444	206	262	5976	200	110	411
14	60-65	4639	374	378	8731	267	97	467
15	65-70	5411	578	485	11726	315	95	571
16	70-75	4805	689	584	13448	364	84	605
17	75-80	2826	632	497	11029	283	58	431
18	80-85	2660	887	843	16123	374	69	507
19	85-90	1167	560	646	10561	217	35	253
20	über 90	277	228	317	4461	90	10	71
Insgesamt		28467	4323	4334	88370	2408	887	3973

Quelle: Mittelung der Todesursachenstatistiken des Statistischen Bundesamtes 1993-1995

Tabelle B.1: Todesursachenstatistik Männer 1993/95 (Fortsetzung)

Intervall	Altersklasse	Arteriosklerose ICD 440	Aortenaneurysma ICD 441	Pneumonie u. Grippe ICD 480-486	Chron. obstrukt. Lungenkrankheiten ICD 490-496	Ulcus Pepticum ICD 533	Leberkrankheiten u. -zirrhose ICD 571	Vergiftungen ICD 960-979	Selbstmord u. Selbstbeschädigung ICD E950-E959
1	0-1	0	0	12	2	0	0	0	0
2	1-5	0	0	8	4	0	1	2	0
3	5-10	0	0	6	1	0	0	0	1
4	10-15	0	0	4	1	0	0	1	38
5	15-20	0	1	10	1	0	0	13	204
6	20-25	0	4	14	2	0	7	53	444
7	25-30	2	6	24	3	0	63	95	684
8	30-35	2	9	40	5	1	275	109	802
9	35-40	3	14	50	13	0	605	115	785
10	40-45	7	21	79	27	0	928	94	794
11	45-50	15	24	82	49	1	1019	66	687
12	50-55	45	64	170	135	2	1716	65	880
13	55-60	116	127	244	338	5	2309	58	873
14	60-65	214	198	341	649	2	2011	37	645
15	65-70	335	357	499	1078	6	1540	38	560
16	70-75	542	469	741	1429	3	1078	34	459
17	75-80	664	369	846	1290	4	552	30	363
18	80-85	1517	461	1751	2027	7	536	39	501
19	85-90	1602	223	1655	1520	7	235	21	292
20	über 90	1093	50	992	711	5	59	10	93
Insgesamt		6158	2397	7568	9285	44	12936	881	9104

Quelle: Mittelung der Todesursachenstatistiken des Statistischen Bundesamtes 1993-1995

Tabelle B.2: Todesursachenstatistik Frauen 1993/95

Intervall	Altersklasse	Alle Ursachen ICD 001-999	Lungentuberkulose ICD 011	Krebs d. Lippe, d. Mundhöhle u. d. Rachens ICD 140-149	Speiseröhrenkrebs ICD 150	Magenkrebs ICD 151	Enddarmkrebs etc. ICD 154	Bauchspeicheldrüsenkrebs ICD 157	Kehlkopfkrebs ICD 161
1	0-1	1854	0	0	0	0	0	0	0
2	1-5	489	1	0	0	0	0	0	0
3	5-10	309	0	1	0	0	0	0	0
4	10-15	297	0	0	0	1	0	0	0
5	15-20	666	0	0	0	0	0	1	0
6	20-25	868	1	1	0	3	1	0	0
7	25-30	1296	1	3	0	17	3	3	0
8	30-35	1993	2	5	0	30	5	10	1
9	35-40	2691	3	11	5	51	16	15	2
10	40-45	4187	4	26	13	101	45	42	3
11	45-50	5278	4	59	27	112	70	78	11
12	50-55	9658	4	106	61	222	147	186	15
13	55-60	14181	6	104	69	344	252	299	15
14	60-65	18604	8	98	76	445	307	422	19
15	65-70	30522	19	113	110	682	492	720	22
16	70-75	51630	29	124	125	1052	747	1014	29
17	75-80	55152	29	85	103	1002	603	864	19
18	80-85	107414	42	108	155	1706	974	1214	22
19	85-90	101918	35	86	115	1367	739	775	12
20	über 90	67862	13	52	56	619	318	298	10
Insgesamt		476869	199	981	916	7755	4719	5940	182

Quelle: Mittelung der Todesursachenstatistiken des Statistischen Bundesamtes 1993-1995

Tabelle B.2: Todesursachenstatistik Frauen 1993/95 (Fortsetzung)

Intervall	Altersklasse	Luftröhren-, Bronchien-, Lungenkrebs ICD 162	Harnblasenkrebs ICD 188	Hypertonie und Hochdruckkrankheiten ICD 401-405	Ischämische Herzkrankheiten ICD 410-414	Akute pulmonale Herzkrankheiten ICD 415	Subarachnoidalblutung ICD 430	Intrazerebrale Hämorrhagie u.a. ICD 431-432
1	0-1	0	0	0	0	0	0	1
2	1-5	1	0	1	0	0	1	2
3	5-10	0	0	0	0	0	1	3
4	10-15	1	0	0	0	1	1	3
5	15-20	2	0	1	3	6	2	3
6	20-25	1	0	0	4	10	10	6
7	25-30	7	1	3	14	16	16	15
8	30-35	23	2	7	35	21	35	29
9	35-40	59	3	13	77	31	54	53
10	40-45	160	7	28	167	42	74	76
11	45-50	276	13	33	259	54	79	85
12	50-55	483	33	77	593	79	102	158
13	55-60	631	54	157	1379	132	115	226
14	60-65	856	92	256	2605	203	91	282
15	65-70	1210	171	460	5325	309	128	436
16	70-75	1438	315	925	10441	522	143	701
17	75-80	1009	320	1094	12345	494	130	638
18	80-85	1078	574	2343	24737	808	149	984
19	85-90	573	447	2442	22898	596	89	627
20	über 90	208	211	1651	13785	270	38	217
Insgesamt		8017	2242	9490	94668	3594	1258	4543

Quelle: Mittelung der Todesursachenstatistiken des Statistischen Bundesamtes 1993-1995

Tabelle B.2: Todesursachenstatistik Frauen 1993/95 (Fortsetzung)

Intervall	Altersklasse	Arteriosklerose ICD 440	Aortenaneurysma ICD 441	Pneumonie u. Grippe ICD 480-486	Chron. obstrukt. Lungenkrankheiten ICD 490-496	Ulcus Pepticum ICD 533	Leberkrankheiten u. -zirrhose ICD 571	Vergiftungen ICD 960-979	Selbstmord u. Selbstbeschädigung ICD E950-E959
1	0-1	0	0	9	1	0	0	0	0
2	1-5	0	0	10	3	0	1	2	0
3	5-10	0	0	4	5	0	0	1	0
4	10-15	0	0	4	4	0	1	3	14
5	15-20	0	1	8	9	0	1	17	60
6	20-25	0	2	7	13	0	2	25	107
7	25-30	1	3	13	18	0	24	38	154
8	30-35	0	3	15	21	0	123	61	201
9	35-40	2	10	21	24	0	230	63	201
10	40-45	1	10	35	50	1	365	59	223
11	45-50	5	15	35	77	0	443	59	218
12	50-55	13	23	54	159	1	723	73	346
13	55-60	32	28	94	294	1	821	60	336
14	60-65	71	41	136	527	3	722	53	276
15	65-70	194	87	271	975	4	832	59	304
16	70-75	555	146	584	1608	4	834	84	358
17	75-80	955	170	928	1608	7	532	61	268
18	80-85	2951	288	2376	2369	11	635	77	346
19	85-90	4122	209	2868	2094	16	372	50	188
20	über 90	4037	88	2539	1339	10	114	17	60
Insgesamt		12938	1125	10008	11199	57	6775	860	3661

Quelle: Mittelung der Todesursachenstatistiken des Statistischen Bundesamtes 1993-1995

Anhang C

Bevölkerung und Sterbetafeln der Bundesrepublik Deutschland

Anhang C umfaßt die Bevölkerungstafel für Männer und Frauen aus den Jahren 1993/95, die verwendeten Werte von Chiangs a_i sowie die unter anderem damit hergeleiteten Sterbetafeln für die Bundesrepublik. Die Bevölkerungstafeln des Statistischen Bundesamtes weisen für die vorgesehenen Altersklassen die Anzahl der Todesfälle und die jeweilige Bevölkerung in dieser Alterklasse für das betrachtete Jahr aus. Den Quotient daraus nennt man empirische altersspezifische Sterberate. Sie wurden bereits in Abbildung 3.3 grafisch dargestellt. Für diese Arbeit wurden die Daten über drei Jahre gemittelt.

Chiangs a_i ist in Tabelle C.3 für die Bundesrepublik dokumentiert. Es ist zum Aufstellen der verkürzten Sterbetafeln notwendig, da es die Verteilung der Todesfälle im betrachteten Intervall mißt.

Schließlich sind noch einmal die vollständigen Sterbetafeln 1993/95 für Männer und Frauen in der Bundesrepublik dargestellt. Sie sind nach der Methode von Chiang (vgl. Kapitel 3.2) berechnet. Die Tafel für Männer ist identisch mit Abbildung 3.10 aus dem Hauptteil identisch. Sie wird hier lediglich wiederholt, um direkte Vergleiche zwischen Männern und Frauen (ohne Blättern) zu ermöglichen.

Tabelle C.1: Bevölkerungstafel 1993/95 für Männer

Intervall i	Altersklasse	Klassenbreite n_i	Todesfälle D_i	Bevölkerung P_i	altersspez. Sterberate $M_i = D_i/P_i$
1	0-1	1	2488	403500	0,006166
2	1-5	4	635	1778300	0,000357
3	5-10	5	419	2343700	0,000179
4	10-15	5	435	2288800	0,000190
5	15-20	5	1647	2183300	0,000754
6	20-25	5	2774	2700500	0,001027
7	25-30	5	3664	3624800	0,001011
8	30-35	5	4869	3644600	0,001336
9	35-40	5	6269	3165500	0,001980
10	40-45	5	8471	2876300	0,002945
11	45-50	5	10596	2406500	0,004403
12	50-55	5	20346	2872800	0,007082
13	55-60	5	31267	2813600	0,011113
14	60-65	5	38832	2093300	0,018551
15	65-70	5	48046	1693800	0,028366
16	70-75	5	53604	1188000	0,045121
17	75-80	5	44058	611700	0,072023
18	80-85	5	65530	561000	0,116809
19	85-90	5	46403	252200	0,183993
20	über 90	5	21617	77800	0,277853

Statistisches Bundesamt (1993-1995): Bevölkerung und Erwerbstätigkeit (Fachserie 1 Reihe 1: Gebiet und Bevölkerung), 301f (1993), 289f (1994) und 297f (1995)

Anmerkung: Die Angaben über die Bevölkerung P_i sind auf volle Einhundert Personen, die der empirischen altersspezifischen Sterberate auf sechs Stellen hinter dem Komma gerundet. Bei den Berechnungen der Sterbewahrscheinlichkeiten q_i wurde mit den exakten M_i weitergerechnet.

Tabelle C.2: Bevölkerungstafel 1993/95 für Frauen

Intervall i	Altersklasse	Klassenbreite n_i	Todesfälle D_i	Bevölkerung P_i	altersspez. Sterberate $M_i = D_i/P_i$
1	0-1	1	1854	382400	0,004848
2	1-5	4	459	1688400	0,000290
3	5-10	5	309	2222500	0,000139
4	10-15	5	297	2172500	0,000137
5	15-20	5	666	2060900	0,000323
6	20-25	5	868	2548100	0,000341
7	25-30	5	1296	3359300	0,000386
8	30-35	5	1993	3394800	0,000587
9	35-40	5	2691	2984600	0,000902
10	40-45	5	4187	2783600	0,001504
11	45-50	5	5278	2322900	0,002272
12	50-55	5	9658	2803500	0,003439
13	55-60	5	14181	2822600	0,005024
14	60-65	5	18604	2228000	0,008350
15	65-70	5	30522	2242000	0,013614
16	70-75	5	51630	2155000	0,023958
17	75-80	5	55152	1283100	0,042983
18	80-85	5	107414	1379100	0,077887
19	85-90	5	101918	733900	0,138872
20	über 90	5	67862	273600	0,248034

Statistisches Bundesamt (1993-1995): Bevölkerung und Erwerbstätigkeit (Fachserie 1 Reihe 1: Gebiet und Bevölkerung), 301f (1993), 289f (1994) und 297f (1995

Anmerkung: Die Angaben über die Bevölkerung P_i sind auf volle Einhundert Personen, die der empirischen altersspezifischen Sterberate auf sechs Stellen hinter dem Komma gerundet. Bei den Berechnungen der Sterbewahrscheinlichkeiten q_i wurde mit den exakten M_i weitergerechnet.

Tabelle C.3: Chiangs a_i für die Bundesrepublik Deutschland

Altersklasse	Männer	Frauen
0-1	0,16	0,17
4-5	0,41	0,38
5-10	0,47	0,48
10-15	0,54	0,54
15-20	0,59	0,55
20-25	0,49	0,50
25-30	0,50	0,52
30-35	0,52	0,53
35-40	0,53	0,54
40-45	0,54	0,53
45-50	0,53	0,53
50-55	0,53	0,53
55-60	0,52	0,53
60-65	0,52	0,53
65-70	0,50	0,52
70-75	0,50	0,52
75-80	0,47	0,51
80-85	0,43	0,47
85-90	0,38	0,42
über 90	-	-

Quelle: Gebhard (1990), S. 48 und 69.

Tabelle C.4: Sterbetafel der gemischten Bevölkerung 1993/95 Männer

i	q_i	p_i	l_i	d_i	L_i	T_i	e_i	$R(65)_i$
0-1	0,0061	0,9939	100000	613	99485	7296518	72,97	0,7704
1-5	0,0014	0,9986	99387	142	397212	7197033	72,41	0,7752
5-10	0,0009	0,9991	99245	89	495989	6799821	68,52	0,7763
10-15	0,0010	0,9991	99156	94	495564	6303833	63,57	0,7770
15-20	0,0038	0,9962	99062	373	494545	5808269	58,63	0,7777
20-25	0,0051	0,9949	98689	506	492155	5313724	53,84	0,7807
25-30	0,0050	0,9950	98183	495	489679	4821569	49,11	0,7847
30-35	0,0067	0,9933	97688	650	486880	4331890	44,34	0,7886
35-40	0,0099	0,9901	97038	956	482942	3845010	39,62	0,7939
40-45	0,0146	0,9854	96081	1405	477175	3362068	34,99	0,8018
45-50	0,0218	0,9782	94676	2063	468532	2884894	30,47	0,8137
50-55	0,0348	0,9652	92613	3226	455485	2416361	26,09	0,8319
55-60	0,0541	0,9459	89387	4838	435326	1960876	21,94	0,8619
60-65	0,0888	0,9112	84550	7508	404729	1525551	18,04	0,9112
65-70	0,1324	0,8676	77042	10203	359700	1120822	14,55	1
70-75	0,2027	0,7973	66838	13551	300315	761122	11,39	1
75-80	0,3024	0,6976	53288	16115	223735	460807	8,65	1
80-85	0,4382	0,5618	37173	16288	139444	237072	6,38	1
85-90	0,5858	0,4142	20885	12235	66496	97628	4,67	1
über 90	1	0	8650	8650	31132	31132	3,60	1

Erstellt aus: Todesursachenstatistik 1993/95 (vgl. Anhang B.1)
Bevölkerungsstatistik 1993/94 (vgl. Anhang C.1)

$q_i =$ Wahrscheinlichkeit mit der eine Person, die das Intervall i erreicht, in diesem Intervall stirbt

$p_i =$ Wahrscheinlichkeit mit der eine Person, die das Intervall i erreicht, in diesem Intervall nicht stirbt

$l_i =$ Anzahl der Personen, die das Intervall i erreichen

$d_i =$ Anzahl der Todesfälle im Interball i

$L_i =$ Anzahl der Personenjahre, die von allen Personen, die das Intervall i erreichen, durchlebt werden

$T_i =$ Anzahl der Personenjahre, die im Intervall i und allen späteren Intervallen von denjenigen Personen durchlebt werden, die das Intervall i erreichen

$e_i =$ fernere Lebenserwartung für eine Person, die Intervall i erreicht

$r(65)_i =$ Wahrscheinlichkeit, daß eine Person, die das Intervall i erreicht, 65 Jahre alt wird

Tabelle C.5: Sterbetafel der gemischten Bevölkerung 1993/95 Frauen

i	q_i	p_i	l_i	d_i	L_i	T_i	e_i	$R(65)_i$
0-1	0,0048	0,9952	100000	483	99599	7946590	79,47	0,8841
1-5	0,0012	0,9988	99517	115	397783	7846991	78,85	0,8884
5-10	0,0007	0,9993	99402	69	496831	7449208	74,94	0,8895
10-15	0,0007	0,9993	99333	68	496509	6952377	69,99	0,8901
15-20	0,0016	0,9984	99265	160	495965	6455868	65,04	0,8907
20-25	0,0017	0,9983	99105	169	495103	5959903	60,14	0,8921
25-30	0,0019	0,9981	98936	191	494222	5464800	55,24	0,8936
30-35	0,0029	0,9971	98745	289	493046	4970578	50,34	0,8954
35-40	0,0045	0,9955	98456	443	491261	4477532	45,48	0,8980
40-45	0,0075	0,9925	98013	735	488338	3986271	40,67	0,9021
45-50	0,0113	0,9887	97278	1099	483807	3497933	35,96	0,9089
50-55	0,0171	0,9829	96179	1650	477018	3014126	31,34	0,9193
55-60	0,0248	0,9752	94529	2347	467130	2537108	26,84	0,9352
60-65	0,0409	0,9591	92182	3775	452039	2069978	22,46	0,9591
65-70	0,0659	0,9541	88407	5827	428050	1617939	18,30	1
70-75	0,1133	0,8867	82580	9354	390450	1189889	14,41	1
75-80	0,1944	0,8056	73226	14238	331247	799439	10,92	1
80-85	0,3228	0,6772	58988	19042	244479	468192	7,94	1
85-90	0,4950	0,5050	39946	19774	142385	223713	5,60	1
über 90	1	0	20172	20172	81328	81328	4,03	1

Erstellt aus: Todesursachenstatistik 1993/95 (vgl. Anhang B.2)
Bevölkerungsstatistik 1993/94 (vgl. Anhang C.2)

q_i = Wahrscheinlichkeit mit der eine Person, die das Intervall i erreicht, in diesem Intervall stirbt

p_i = Wahrscheinlichkeit mit der eine Person, die das Intervall i erreicht, in diesem Intervall nicht stirbt

l_i = Anzahl der Personen, die das Intervall i erreichen

d_i = Anzahl der Todesfälle im Interball i

L_i = Anzahl der Personenjahre, die von allen Personen, die das Intervall i erreichen, durchlebt werden

T_i = Anzahl der Personenjahre, die im Intervall i und allen späteren Intervallen von denjenigen Personen durchlebt werden, die das Intervall i erreichen

e_i = fernere Lebenserwartung für eine Person, die Intervall i erreicht

$r(65)_i$ =Wahrscheinlichkeit, daß eine Person, die das Intervall i erreicht, 65 Jahre alt wird

Anhang D

Raucheranteile in der Bevölkerung

Die Raucheranteile der folgenden Tabelle sind nicht aus dem vorliegenden Datensatz des Mikrozensus gewonnen, sondern aus der Veröffentlichung des Statistischen Bundesamtes (Statistisches Bundesamt 1996a) berechnet.

Tabelle D.1: Raucheranteile in der dt. Bevölkerung (Mikrozensus 1995)

	Männer					Frauen				
Zig./Tag	A_{i1}	A_{i2}	A_{i3a}	A_{i3b}	A_{i3}	A_{i1}	A_{i2}	A_{i3a}	A_{i3b}	A_{i3}
Alter	0	1-20	21-40	41-	21-	0	1-20	21-40	41-	21-
unter 15	-	-	-	-	-	-	-	-	-	-
15-20	83,41	15,75	0,82	-	0,82	90,02	9,98	-	-	-
20-25	65,28	30,80	3,92	-	3,92	75,43	22,36	2,21	-	2,21
25-30	60,73	32,85	6,02	0,40	6,42	71,42	25,73	2,85	-	2,85
30-35	58,98	32,27	8,28	0,47	8,75	70,09	26,29	3,62	-	3,62
35-40	58,96	31,27	9,06	0,71	9,77	70,74	25,17	3,83	-	4,09
40-45	62,97	27,07	9,07	0,89	9,96	74,52	21,70	3,78	-	3,78
45-50	66,80	23,42	8,71	1,07	9,78	78,26	18,27	3,47	-	3,47
50-55	71,77	20,38	7,08	0,77	7,85	84,23	14,01	1,76	-	1,76
55-60	75,93	18,25	5,27	0,55	5,82	88,39	10,39	1,22	-	1,22
60-65	79,43	16,39	3,84	0,34	4,18	91,37	7,85	0,78	-	0,78
65-70	83,48	14,52	2,00	-	2,00	92,58	6,87	0,55	-	0,55
70-75	87,34	11,04	1,62	-	1,62	94,88	4,75	0,37	-	0,37
über 75	92,01	7,31	0,68	-	0,68	97,68	2,32	-	-	-

Anhang E

Lebenserwartungen und Rentenwahrscheinlichkeiten

Im Kapitel 3.3 wurden die unterschiedlichen Lebenserwartungen von Rauchern und Nichtrauchern berechnet. Dies geschah für Männer und Frauen sowie auf Basis der Britischen Ärztestudie und der amrikanischen Krebspräventionsstudie. Im Kapitel selbst konnten nur wenige markante Ergebnisse dargestellt werden. Daher dient der vorliegende Anhang dazu, die Ergebnisse zu dokumentieren. Die Tabellen E.1 (für Männer) und E.2 (für Frauen) enthalten in komprimierter Form die ferneren Lebenserwartungen für verschiedene Rauchgewohnheiten als Ergebnis der Britischen Ärztestudie und der Krebspräventionsstudie. " - " bedeutet hierbei, daß aufgrund der angewandten Methodik eine Berechnung nicht mehr möglich war. Die Eliminationsszenarien sind nicht dargestellt. Die folgenden vier Tabellen enthalten die unterschiedlichen Wahrscheinlichkeiten, das Rentenalter (hier das 65. Lebensjahr) zu erreichen auf Basis der Britischen Ärztestudie (Tabellen E.3 und E.4) und der Krebspräventionsstudie (Tabellen E.5 und E.6). Hierbei wurde exemplarisch das Eliminationsszenario von 75 % dargestellt.

Tabelle E.1: Fernere Lebenserwartungen für Männer

Alter	Britische Ärztestudie			Krebspräventionsstudie II			
	Nicht-raucher	leichte Raucher	starke Raucher	Nicht-raucher	leichte Raucher	starke Raucher	s. starke Raucher
30	47,48	37,88	31,55	47,22	36,67	33,84	31,78
35	42,64	33,20	27,09	42,52	31,90	29,05	26,97
40	37,86	28,62	22,75	37,92	27,19	24,32	22,22
45	33,14	24,16	18,59	33,39	22,58	19,79	17,80
50	28,52	19,86	14,65	28,91	18,18	15,40	13,72
55	24,09	15,85	11,09	24,49	14,20	11,59	10,18
60	19,88	12,18	7,94	20,13	10,77	8,56	7,62
65	16,04	8,99	5,38	16,08	7,92	6,44	5,06
70	12,57	6,25	3,36	12,38	5,81	4,65	3,89
75	9,54	3,94	2,35	9,19	4,36	3,92	3,63
80	7,14	2,25	-	6,70	3,41	3,15	3,15
85	5,25	1,90	-	4,83	3,22	1,90	1,90
90	3,79	-	-	3,67	2,86	-	-

Tabelle E.2: Fernere Lebenserwartungen für Frauen

Alter	Britische Ärztestudie			Krebspräventionsstudie II			
	Nicht-raucher	leichte Raucher	starke Raucher	Nicht-raucher	leichte Raucher	starke Raucher	s. starke Raucher
30	50,67	47,02	43,50	50,80	45,69	42,46	41,89
35	45,80	42,18	38,72	45,94	40,82	37,58	37,01
40	40,96	37,40	34,01	41,14	35,99	32,74	32,16
45	36,22	32,74	29,44	36,43	31,24	27,96	27,68
50	31,56	28,18	25,00	31,72	26,80	23,83	23,57
55	27,03	23,77	20,75	27,17	22,45	19,74	19,85
60	22,61	19,51	16,67	22,73	18,29	16,00	15,96
65	18,43	15,52	12,90	18,52	14,48	12,71	12,42
70	14,51	11,81	9,44	14,54	11,30	9,92	9,65
75	10,99	8,55	6,45	10,99	8,46	7,32	7,32
80	8,00	5,84	3,99	7,99	6,26	5,56	5,56
85	5,65	3,80	2,10	5,64	4,01	3,94	3,94
90	4,06	2,83	-	4,06	3,01	2,96	2,96

Tabelle E.3: Wahrscheinlichkeit, das Renteneintrittsalter 65 zu erreichen (Männer, Britische Ärztestudie)

Alter	Nichtraucher	leichte Raucher		starke Raucher	
		Original	75 % eliminiert	Original	75 % elimiert
15	0,8471	0,6611	0,7975	0,4271	0,7226
20	0,8503	0,6636	0,8005	0,4287	0,7253
25	0,8547	0,6670	0,8046	0,4309	0,7290
30	0,8591	0,6703	0,8087	0,4331	0,7327
35	0,8622	0,6765	0,8127	0,4410	0,7380
40	0,8667	0,6857	0,8187	0,4530	0,7459
45	0,8737	0,7001	0,8279	0,4720	0,7581
50	0,8847	0,7229	0,8434	0,5033	0,7774
55	0,9040	0,7645	0,8682	0,5637	0,8122
60	0,9375	0,8409	0,9134	0,6867	0,8748

Tabelle E.4: Wahrscheinlichkeit, das Renteneintrittsalter 65 zu erreichen (Frauen, Britische Ärztestudie)

Alter	Nichtraucher	leichte Raucher		starke Raucher	
		Original	75 % eliminiert	Original	75 % elimiert
15	0,8974	0,8573	0,8872	0,8030	0,8730
20	0,8988	0,8587	0,8887	0,8043	0,8744
25	0,9003	0,8602	0,8902	0,8057	0,8759
30	0,9021	0,8618	0,8919	0,8072	0,8776
35	0,9044	0,8650	0,8944	0,8115	0,8805
40	0,9079	0,8699	0,8983	0,8180	0,8848
45	0,9140	0,8782	0,9049	0,8293	0,8923
50	0,9233	0,8912	0,9152	0,8468	0,9038
55	0,9382	0,9119	0,9316	0,8752	0,9222
60	0,9607	0,9436	0,9564	0,9195	0,9504

Tabelle E.5: Wahrscheinlichkeit, das Renteneintrittsalter 65 zu erreichen (Männer, Krebspräventionsstudie)

Alter	Nichtraucher	leichte Raucher		starke Raucher	
		Original	75 % eliminiert	Original	75 % elimiert
15	0,8486	0,6063	0,7834	0,4634	0,7393
20	0,8418	0,6086	0,7863	0,4652	0,7421
25	0,8562	0,6117	0,7904	0,4676	0,7459
30	0,8606	0,6148	0,7936	0,4700	0,7497
35	0,8663	0,6189	0,7997	0,4731	0,7548
40	0,8749	0,6251	0,8077	0,4778	0,7623
45	0,8843	0,6318	0,8189	0,4882	0,7740
50	0,9018	0,6542	0,8356	0,5057	0,7908
55	0,9215	0,6969	0,8627	0,5529	0,8216
60	0,9484	0,7913	0,9091	0,6745	0,8799

Tabelle E.6: Wahrscheinlichkeit, das Renteneintrittsalter 65 zu erreichen (Frauen, Krebspräventionsstudie)

Alter	Nichtraucher	leichte Raucher		starke Raucher	
		Original	75 % eliminiert	Original	75 % elimiert
15	0,9003	0,8346	0,8835	0,7501	0,8610
20	0,9017	0,8359	0,8849	0,7513	0,8623
25	0,9032	0,8373	0,8864	0,7526	0,8638
30	0,9050	0,8389	0,8882	0,7541	0,8655
35	0,9077	0,8414	0,8908	0,7563	0,8680
40	0,9118	0,8452	0,8948	0,7597	0,8719
45	0,9186	0,8516	0,9016	0,7655	0,8785
50	0,9265	0,8681	0,9117	0,7916	0,8916
55	0,9407	0,8914	0,9283	0,8255	0,9113
60	0,9622	0,9293	0,9540	0,8867	0,9433

Anhang F

Wahrscheinlichkeiten für eine zukünftige Eheschließung in Abhängigkeit von Geschlecht, Alter und Wohnort

Da Hinterbliebenenrenten im heutigen Rentensystem der Bundesrepublik eine große Rolle spielen, kann in Kapitel 6.1 nicht darauf verzichtet werden für die ledigen Personen des Datensatzes eine Prognose über deren Familienstand zum Zeitpunkt ihres angenommenen Renteneintritts mit 65 Jahren zu stellen. Würde man einfach den jetzigen Anteil der Ledigen an den 65jährigen zugrunde legen (das sind 6 %), müßte man ca. 75 % der im Datensatz jetzt ledigen Personen "verheiraten".

Dieses Vorgehen würde aber das Heiratsverhalten der heute 60 bis 65-jährigen für alle folgenden Generationen unterstellen. Eine Möglichkeit, die in Kapitel 6.1 auch genutzt wird, ist die Verwendung der Heiratsziffern, wie sie das Statistische Bundesamt im Statistischen Jahrbuch zuletzt für das Jahr 1997 veröffentlicht (Statistisches Bundesamt

1997a, 70). Analog zu den Todesursachenstatistiken wird nicht das Heiratsverhalten einer einzigen Generation verfolgt, sondern das Verhalten der ganzen Bevölkerung über alle Generationen hinweg in einem vorgegebenen Jahr, hier 1997.

Die sogenannten Heiratsziffern geben dabei die Zahl der Personen an, die in einer bestimmten Altersgruppe heiraten -normiert auf 1000 Personen- an. Diese relativen Häufigenkeiten werden als bedingte Wahrscheinlichkeiten interpretiert und dazu genutzt, die gesamte Wahrscheinlichkeit für eine zukünftige Eheschließung zu berechnen. Das Ergebnis – getrennt für die alten und neuen Bundesländer sowie nach Geschlecht – zeigt die folgenden Tabelle.

Die Anwendung dieser Daten auf die ledigen Personen im Datensatz ergibt, daß nur knapp die Hälfte im Laufe ihre Lebens noch heiraten wird. Das sind ein Drittel weniger als unter der Hypothese des Ist-Zustandes in der Altersklasse der 60 bis 65-jährigen.

Tabelle F.1: Heiratswahrscheinlichkeiten nach Altersklassen

Alter	Alte Bundesländer		Neue Bundesländer	
	Männer	Frauen	Männer	Frauen
15	0,734	0,985	0,532	0,791
16	0,734	0,985	0,532	0,791
17	0,734	0,984	0,532	0,791
18	0,734	0,981	0,532	0,791
19	0,732	0,963	0,531	0,785
20	0,726	0,940	0,529	0,774
21	0,715	0,910	0,524	0,756
22	0,699	0,872	0,514	0,726
23	0,678	0,827	0,499	0,683
24	0,651	0,774	0,478	0,627
25	0,618	0,713	0,448	0,564
26	0,578	0,644	0,409	0,491
27	0,531	0,572	0,366	0,422
28	0,478	0,498	0,321	0,356
29	0,419	0,423	0,275	0,295
30	0,353	0,348	0,227	0,238
31	0,291	0,281	0,182	0,190
32	0,233	0,220	0,142	0,149
33	0,178	0,166	0,106	0,114
34	0,128	0,119	0,076	0,080
35-39	0,083	0,075	0,049	0,053
40-44	0,048	0,042	0,030	0,032
45-49	0,027	0,023	0,020	0,020
50-54	0,014	0,012	0,013	0,011
55-59	0,005	0,004	0,005	0,004
60 und mehr	0,000	0,000	0,000	0,000

Tabelle F.2: Hochrechnungsfaktoren für die Datensätze der Verheirateten

Alter	Männer	Frauen
20	34,93	15,91
21	16,39	10,62
22	9,29	7,43
23	5,65	5,69
24	4,04	3,74
25	3,16	2,64
26	2,26	2,11
27	1,91	1,78
28	1,67	1,50
29	1,39	1,35
30	1,32	1,24
31	1,17	1,16
32	1,11	1,09
33	1,07	1,06
34	1,05	1,04
35	1,03	1,02
36	1,02	1,02
37	1,01	1,02
38	1,01	1,01
39	1,02	1,00
40	1,01	1,01
41	1,01	1,00
42	1,01	1,01
43	1,01	1,01
44	1,01	1,01
45	1,01	1,00
46 und älter	1,00	1,00

Literaturverzeichnis

BARENDREGT, J. J., L. BONNEUX UND P. J. VAN DER MAAS (1997): "The health care costs of smoking" *New England Journal of Medicine*, 337, 1052–1057.

BECKER, G. A. UND K. M. MURPHY (1988): "A theory of rational addiction" *Journal of Political Economy*, 96, 675–700.

BECKER, G. S., M. GROSSMAN UND K. M. MURPHY (1994): "An empirical analysis of cigarette addiction" *American Economic Review*, 84, 396–418.

BERGNER, L. (1990): "Der Versorgungsausgleich in der gesetzlichen Rentenversicherung" in: *Handbuch der gesetzlichen Rentenversicherung*, hrsg. von F. Ruland, 797–844. Neuwied (Luchterhand).

BUCKLEY, C. (1998): *Danke, daß Sie hier rauchen.* Frankfurt a.M. (Fischer).

Bundeszentrale für gesundheitliche Aufklärung (Hrsg.) (1994): *Die Drogenaffinität Jugendlicher in der Bundesrepublik Deutschland. Wiederholungsbefragung 1993/94* Köln (Bundeszentrale für gesundheitliche Aufklärung).

CHIANG, C. L. (1968): *Introduction to stochastic processes in biostatistics.* New York (Wiley).

COLLINS, D. UND H. LAPSLEY (1995): "Die Kosten des Tabakmißbrauchs in Australien im Jahr 1992" *Sucht*, 41, 107–123.

DOLL, R., R. GRAY, B. HAFNER UND R. PETO (1980): "Mortality in relation to smoking: 22 years' observations on female British doctors" *British Medical Journal*, 280, 967–971.

DOLL, R. UND A. B. HILL (1964): "Mortality in relation to smoking: ten years' observations of British doctors" *British Medical Journal*, 1460–1467.

DOLL, R. UND R. PETO (1976): "Mortality in relation to smoking: 20 years' observations on British doctors" *British Medical Journal*, 1525–1536.

DOLL, R., R. PETO, K. WHEATLEY, R. GRAY UND I. SUTHERLAND (1994): "Mortality in relation to smoking: 40 years' observations on male British doctors" *British Medical Journal*, 309, 901–911.

DRESCHER, K. UND H. BECHER (1997): "Estimating the generalized impact fraction form case-control data" *Biometrics*, 33, 1170–1176.

DÜRKOP, H. (1992): *Alterssicherung in der EG*. Frankfurt a.M. (Peter Lang).

EMMERLING, D. UND T. RIEDE (1997): "40 Jahre Mikrozensus" *Wirtschaft und Statistik*, 1997, 160–174.

"Entzugserscheinungen", *Frankfurter Rundschau vom 19.04.1999.*

ESSER, H., H. GROHMANN, W. MÜLLER UND K.-A. SCHÄFFER (1989): *Mikrozensus im Wandel*. Stuttgart (Metzler Poeschel).

EYSENCK, H. J. (1965): *Smoking, health and personality*. New York (Basic Books).

——— (1980): *The causes and effects of smoking*. London (Temple).

FACHINGER, U. (1991): *Lohnmobilität in der Bundesrepublik Deutschland. Eine Untersuchung auf der Basis von prozeßproduzierten Längsschnittdaten der gesetzlichen Rentenversicherung*. Berlin (Duncker&Humblot).

——— (1994): *Lohnentwicklung im Lebenslauf. Empirische Analysen für die Bundesrepublik Deutschland.* Frankfurt a.M. (Campus).

FRENTZEL-BEYME, R. UND U. KEIL (1981): "Sterblichkeit und Todesbescheinigung" in: *Datenquellen fr Sozialmedizin und Epidemiologie*, hrsg. von R. Brennecke, E. Greiser, H. A. Paul, und E. Schach, Berlin(Springer).

GARRETT, D. M. (1995): "The effects of differential mortality rates on the progressivity of social security" *Economic Inquiry*, 23, 457–475.

"Glatze und graue Haare durch Rauchen", *Süddeutsche Zeitung vom 21./22.12.1996.*

GORI, G. B. UND B. J. RICHTER (1978): "Macroeconomics of disease prevention in the United States" *Science*, 200, 1124–1130.

GORI, G. B., B. J. RICHTER UND W.-K. YU (1984): "Economics and extended longevity: a case study" *Preventive Medicine*, 13, 396–410.

GOULD, S. J. (1996): "The smoking gun of eugenics" in: *Dinosaur in a haystick*, Kap. 23, 296–308. London (Jonathan Cape).

HAMMOND, E. C. (1966): "Smoking in relation to the death rates of one million men and women" in: *Epidemiological approaches to the study of cancer and other chronic diseases*, hrsg. von W. Haenszel, Bd. 19. National Cancer Institute Monograph.

HEIN, B. (1996): "Fragen zur Gesundheit. Ergebnis des Mikrozensus 1995" *Wirtschaft und Statistik*, 1996, 624–632.

HELBERGER, C. (1983): "Der Einfluß der Berufsbiographie auf den Lebenseinkommensverlauf von Erwerbstätigen" in: *Ansätze der Lebenseinkommensanalyse*, hrsg. von W. Schmähl. Tübingen (Mohr).

HELMERT, U. (1999): "Einkommen und Rauchverhalten in der Bundesrepublik Deutschland - Eine Analyse der Daten des Mikrozensus 1995" *Gesundheitswesen*, 61, 31–37.

HELMERT, U. UND D. BORGERS (1998): "Rauchen und Beruf: Eine Analyse von 100.000 Befragten des Mikrozensus 1995" *Bundesgesundheitsblatt*, 41, 102–107.

HERBST, K., L. KRAUS UND K. SCHERER (1996): *Repräsentativerhebung zum Gebrauch psychoaktiver Substanzen bei Erwachsenen in Deutschland - Schriftliche Erhebung 1995 -*. Bundesministerium für Gesundheit.

ICD9 (1993): *Internationale Klassifikation der Krankheiten, Verletzungen und Todesursachen (ICD) 9.Revision.* Stuttgart (Kohlhammer), 2. Aufl.

JAHN, I. UND K.-H. JÖCKEL (1995): *Studie zur Verbesserung der Validität und Reliabilität der amtlichen Todesurachenstatistik.* Stuttgart (Kohlhammer).

KING, M. UND L.-D. L. DICKS-MIREAUX (1982): "Asset holding and the life-cycle" *Economic Journal*, 92, 247–267.

KÖGEL, E. (1994): "Raucher-/Nichtraucherprodukte in der Lebensversicherung - Problematik der Tarifgestaltung" *Blätter der Deutschen Gesellschaft für Versicherungsmathematik*, 28, 591–629.

"Lebensversicherung" *Anzeige in der Süddeutschen Zeitung.*

LEU, R. E. (1979): "Evaluation von Maßnahmen zur Einschränkung des Zigarettenverbrauchs in der Schweiz" *Bulletin der Schweizer Akademie der Wissenschaften*, 35, 245–260.

——— (1982): "Effektivität und Effizienz präventiver Programme gegen das Rauchen" *Drogalkohol*, 6, 19–30.

LEU, R. E. UND T. SCHAUB (1983a): "Der Einfluß des Rauchens auf die Mortalität und die Lebenserwartung der Schweizer Wohnbevölkerung" *Schweizerische Medizische Wochenschrift*, 113, 3–14.

——— (1983b): "Does smoking increase medical care expenditures?" *Social Science and Medicine*, 17, 1907–1914.

LEVIN, M. L. (1953): "The occurrence of lung cancer in men" *Acta unio. Internat. Contra Cancrum*, 9, 531–541.

LILIENFELD, A. M. (1976): *Foundations of epidemiology*. New York (Oxford University Press).

LUCE, B. R. UND S. O. SCHWEITZER (1978): "Smoking and alcohol abuse: a comparison of their economic consequences" *The New England Journal of Medicine*, 298, 569–571.

"Mehr Brustkrebs bei rauchenden Frauen", *Frankfurter Allgemeine Zeitung vom 11.12.1996.*

MEYER, K. UND C. PAUL (1991): "Allgemeine Sterbetafel 1986/88" *Wirtschaft und Statistik*, 1991, 371–381.

MICHAELIS, K. (1990): "Rentenberechnung, Rentenzahlung, Rentenanpassung" in: *Handbuch der gesetzlichen Rentenversicherung*, hrsg. von F. Ruland, 695–736. Neuwied (Luchterhand).

MINCER, J. (1974): *Schooling, Experience and Earnings*. New York (National Bureau of Economic Research).

MÜLLER, W. UND N. BOCTER (1987): "Beitrag zur Verbesserung der Todesursachenstatistik - Ergebnis der Auswertung aller ärztlichen Angaben aus der Todesbescheinigung" *Das öffentliche Gesundheitswesen*, 49, 345–351.

——— (1990): *Beitrag zur Abschätzung der Aussagekraft der amtlichen Todesursachenstatistik*. Stuttgart (Kohlhammer).

OCHTEL, W. (32-33/1999): "Frühverrentung: International "aus der Mode gekommen"" *ifo-Schnelldienst*, 35–38.

PETO, R. UND A. D. LOPEZ (1994): *Mortality from smoking in developed countries 1950-2000: indirect estimates from national vital statistics*. Oxford (Oxford University Press).

PETO, R., A. D. LOPEZ, J. BOREHAM, M. THUN UND C. H. HEATH JR. (1992): "Mortality from tobacco in developed countries: indirect estimation from national vital statistics" *Lancet*, 339, 1268–78.

PSCHYREMBEL, W. (Hrsg.) (1994): *Pschyrembel Klinisches Wörterbuch.* Berlin (de Gruyter), 257 Aufl.

"Rauchen des Vaters erhöht Krebsrisiko beim Kind", *Süddeutsche Zeitung vom 27.02.1997.*

REHFELD, U. (1994): "Verrentungsprozeß und versicherungsbiographische Fakten für Geburtsjahrgangskohorten - Analyse der Rentenzugangsdaten 1973 bis 1990 für Versichertenrenten" *Deutsche Rentenversicherung*, 471–526.

Royal College of Physicians (1971): *Smoking and health now* London (Pitman Medical).

SCHAFSTEDDE, F. (1989): *Rauchen und soziale Lage. Zur Abhängigkeit des Rauchverhaltens von sozialen Merkmalen auf der Basis der Ergebnisse des Mikrozensus.* IDIS.

SCHMÄHL, W. (Hrsg.) (1983): *Ansätze der Lebenseinkommensanalyse.* Tübingen (Mohr).

——— (1985): "Prozeßproduzierte Längsschnittinformationen zur Einkommensanalyse - Anmerkungen zu den Datenquellen" *Allgemeines Statistisches Archiv*, 69, 275–285.

SCHUCAN, P. UND T. ABELIN (1981): "Rauchgewohnheiten in vier Schweizer Städten" *Schweizerische Medizinische Wochenschrift*, 111(Suppl.12), 15–21.

SHOVEN, J. B., J. O. SUNDBERG UND J. P. BUNKER (1989): "The Social Security Cost of Smoking" in: *The economics of aging*, hrsg. von D. A. Wise, Chicago (National Bureau of Economic Research), 231–253.

Statistisches Bundesamt (1993): *Bevölkerung und Erwerbstätigkeit (Fachserie 1 Reihe 1: Gebiet und Bevölkerung) 1993* Stuttgart (Metzler Poeschel).

Statistisches Bundesamt (1994): *Bevölkerung und Erwerbstätigkeit (Fachserie 1 Reihe 1: Gebiet und Bevölkerung) 1994* Stuttgart (Metzler Poeschel).

Statistisches Bundesamt (1995a): *Bevölkerung und Erwerbstätigkeit (Fachserie 1 Reihe 1: Gebiet und Bevölkerung) 1995* Stuttgart (Metzler Poeschel).

Statistisches Bundesamt (1995b): *Todesursachen in Deutschland 1993 (Fachserie 12 Reihe 4)* Stuttgart (Metzler Poeschel).

Statistisches Bundesamt (1995c): *Todesursachen in Deutschland 1994 (Fachserie 12 Reihe 4)* Stuttgart (Metzler Poeschel).

Statistisches Bundesamt (1996a): *Fragen zur Gesundheit 1995 (Fachserie 12 Reihe S3)* Stuttgart (Metzler Poeschel).

Statistisches Bundesamt (1996b): *Todesursachen in Deutschland 1995 (Fachserie 12 Reihe 4)* Stuttgart (Metzler Poeschel).

Statistisches Bundesamt (1997a): *Statistisches Jahrbuch für die Bundesrepublik Deutschland* Stuttgart (Metzler Poeschel).

Statistisches Bundesamt (1997b): *Statistisches Jahrbuch für das Ausland* Stuttgart (Metzler Poeschel).

SURANOVIC, S. M., R. S. GOLDFARB UND T. C. LEONARD (1999): "An economic theory of cigarette addiction" *Journal of Health Economics*, 18, 1–29.

THOMPSON, D. H. UND D. M. WARBURTON (1992): "Lifestyle differences between smokers, ex-smokers and non-smokers, and implications for their health" *Psychology and Health*, 7, 311–321.

THORNTON, A., P. LEE UND J. FRY (1994): "Differences between smokers, ex-smokers, passive smokers and non-smokers" *Journal of Clinical Epidemiology*, 10, 1143–1162.

THUN, M. J., D. G. MYERS, C. DAY-LALLY, M. M. NOMBOODIRI, E. CALLE, W. D. FLANDERS, S. L. ADAMS UND C. W.

HEATH JR. (1997): "Age and the exposure-response relationships between cigarette smoking and premature death in Cancer Prevention Study II" in: *Changes in cigarette-related disease risks and their implication for prevention and control*, 383–476. National Cancer Institute.

TOLLISON, R. D. UND R. E. WAGNER (1992): *The economics of smoking.* Boston (Kluwer).

U.S.Department of Health and Human Services (1979): *Smoking and Health* Washington D.C. (Public Health Service Publication).

U.S.Department of Health and Human Services (1980): *The Health Consequences of Smoking for Women. A Report of the Surgeon General* Washington D.C. (Public Health Service Publication).

U.S.Department of Health and Human Services (1986): *The Health Consequences of Using Smokeless Tobacco. A Report of the Advisory Committee to the Surgeon General* Washington D.C. (Public Health Service Publication). Nr. 86-2879.

U.S.Department of Health and Human Services (1990): *The Health Benefits of Smoking Cessation* Washington D.C. (Public Health Service Publication). Nr. 89-8416.

VAN DE MHEEN, P. J. UND L. J. GUNNING-SCHEPERS (1996): "Differences between studies in reported risks associated with smoking: an overview" *Public Health Reports*, 111, 420–426.

Verband Deutscher Rentenversicherungsträger "VdR Statistik - Rentenbestand am 31.12.1995" Frankfurt a.M. (Verband Deutscher Rentenversicherungsträger).

Verband Deutscher Rentenversicherungsträger "Rentenversicherung in Zahlen" Frankfurt a.M. (Verband Deutscher Rentenversicherungsträger).

WAGNER, G. (1994): "Ungerechter Malus" *Die Zeit vom 15.04.1994.*

WARNER, K. E. (1977): "The effects of the anti-smoking campaign on cigarette consumption" *American Journal of Public Health*, 67, 645–650.

WARSCHBURGER, S. UND M. LOHRE (1999): "Wie verläßlich sind die Verbrauchsangaben im Mikrozensus? Eine Untersuchung alternativer Quellen zum deutschen Rauchverhalten" *Zeitschrift für Gesundheitswissenschaften*, 7, 116–130.

WICKERT, G. (Hrsg.) (1994): *Möglichkeiten der Markt- und Meinungsforschung in Deutschland.* Tübingen (Demokrit Verlag), 24 Aufl.

World Health Organisation (1975): *Smoking and its effects on health* World Health Organisation Technical Report Series.

WRIGHT, V. (1986): "Will quitting smoking help financial care solve its financial problems?" *Inquiry*, 23, 76–82.

Kolibri 360 GmbH
Ferdinand-Jühlke-Straße 7
99095 Erfurt, Deutschland
produktsicherheit@kolibri360.de

Druck:
CPI Druckdienstleistungen GmbH
im Auftrag der
Kolibri 360 GmbH
Ferdinand-Jühlke-Str. 7
99095 Erfurt